UNDERSTANDING
JAMAICAN
PATOIS

UNDERSTANDING JAMAICAN PATOIS

AN INTRODUCTION
TO AFRO-JAMAICAN GRAMMAR

By L. Emilie Adams

with a childhood tale

by Llewelyn "Dada" Adams

Kingston Publishers Limited
Kingston, Jamaica

Published by Kingston Publishers Limited
1A Norwood Avenue, Kingston 5, Jamaica

ISBN 976-625-035-9

ISBN 1-885642-03-2

Cover illustration: © by Lisa Remeny
Typeset by: Carol Shim
Printed by Stephensons Litho Press, Kingston, Jamaica

Dedication

"For then will I turn to the peoples
A pure language,
That they may all call upon the name of the LORD,
To serve Him with one consent.

From beyond the rivers of Ethiopia
Shall they bring my suppliants.
Even the daughter of My dispersed,
As Mine offering."

Zephaniah 3, 9-10*

Dedicated to the memory of the Jamaican foreparents:

In the midst of their tribulation and affliction they gave birth to a beautiful language. They bequeathed it to their posterity who are now carrying it around the world.

Watch out Standard English!

Afro-Jam a come!

* Translation from *THE HOLY SCRIPTURES according to the masoretic text*, Jewish Publication Society of America (Philadelphia, 1972).

Table of Contents

Author's Preface
and
Acknowledgements

This little book, simple as it appears to be, has already had an eighteen-year life of its own before this coming of age, its rites of publication. The original core of the book was written in 1973, for a class of children with reading problems in Highgate, St. Mary, Jamaica. During the mid-70s it developed into a book revealing key grammatical structures to non-Jamaicans, a response to the needs of the many visitors then flooding the Robin's Bay area. Many people suggested that reading matter be included, so in the early 1980s I began the task of transcribing a tape of my husband telling our children a story from his childhood.

The difficulties of finding a satisfactory orthographic system for writing patois kept me stymied for several years. The problem lies in the use of standard English spellings for words which are pronounced approximately the same in both languages: e.g., "two", "piece", "night", "buy". The crazy mixed-up standard spellings stuck out like sore thumbs when juxtaposed with the phonetic accuracy of the purely patois spellings: if we change "boy" to "bwai" to indicate a different pronunciation, then "buy" looks ridiculous, begging to be written "bai"! If we spell "through" as "tru" (and not as "trough"), then why not spell "two" as "tu"? In short the problem was nothing less than cleaning up the whole mess of archaic and contradictory non-phonetic spellings which we force our children to memorize as "correct spelling". Lately I have heard by word of mouth that this mess was in fact created by five great printing houses in London in the Renaissance era, each of which devised a different spelling system for the vulgar language of the day – English! How this non-standardized jumble ever came to be called "standard" beats me!

My struggle was resolved when I discovered that the ten-vowel spelling system I had come up with was almost identical to one devised by Cassidy in *Jamaica Talk* more than twenty years before; he used it to transcribe an Ananse story in his Second Appendix. This coincidence convinced me that such a system is probably the right one for our national language, though certainly it could stand to be further modified or simplified. The final chapters of my book, dealing with this whole problem, constitute a book within a book, this one aimed primarily at Jamaican writers, poets, musicians, educators, linguists, etc. If Afro-Jamaican English is going to develop a large body of written literature, we need to agree on a unified spelling system. It has been said that just as the invention of the wheel represented the conquest of space, the invention of writing represented the conquest of time. If Afro-Jam can evolve into a written language, who knows what future awaits it in the coming third millennium A.D.?

In the late 80s the Jamaica Broadcasting Corporation ran a Saturday afternoon TV series on the history of the English language. Unfortunately Saturday afternoons find me hunched over a zinc wash pan washing school uniforms. Luckily, one rainy afternoon I happened to see a section of this series. An English linguist was standing on the windy heaths of one of the English shires – was it Yorkshire? the name has escaped me – and explaining that the medieval language of this district was the direct ancestor of modern English. This shire constituted the linguistic no man's land or frontier zone between Old Anglo-Saxon and Old Norse, the language of the Danish conquerors. Frustrated by the two conflicting grammar systems of the two cousin languages, the folk of this area dumped the vast majority of both sets of conjugation endings, case endings, etc. into the linguistic garbage can. This radically simplified language, the linear ancestor of modern English, has since conquered the world. By the same token, Afro-Jamaican English has simplified standard English by disposing of irregular past tenses and participles, irregular plurals of nouns, case variations in pronouns, the myriad irregularities of the verb "to be", etc. It is possible that the various forms of African English springing up around the world may bear a closer resemblance to the international English of the coming millennium than does the encumbered and archaic standard English of today, which may by then have been relegated to the role of the priestly language, the language of the mysteries of science, technology, and theology!

I am indebted to many people for their help in completing this book. First and foremost, to the people of Robin's Bay, St. Mary, into whose language group I married; more specifically, to my husband, Llewelyn "Dada" Adams, and his parents, Miss Adella Reid and Mas George Adams, may they rest in peace. Mr. Jerry Kendrick of Lawrence, Kansas, USA, first fed the book into a computer and introduced me to modern word processing. Without his intervention, the cockroaches would surely have finished off the manuscript, which they were well on the way to doing. Dr. Mervyn Alleyne of the U.W.I. Department of Linguistics corrected some of my linguistic terminology and other errors – I am entirely responsible for those which may still remain. His encouragement was crucial to my decision to actually try to publish the book. When I finally became discouraged by several local publishing houses informing me that no-one was interested in grammar, or even in patois, I turned to my friend Sista P, Pauline Petinaud, of Content District, Hope Bay, Portland for help. Sista P had founded an independent school in a school-less district, where patois is often used in teaching primary students the mysteries of standard English. She had also shared my book with her many international visitors who stayed in her simple mountain guest-houses. She agreed to act as my agent and find a publisher. Her unswerving faith and confidence guided this book through a maze of obstacles and delays to its eventual home at Kingston Publishers Ltd. With the encouragement and support of editors Ms. Kim Robinson Walcott, Ms. Liz Hearne, Ms. Cindy Doyle MacRae, and Ms. Cecille Maye Hemmings (who eventually undertook the painstaking and exhaustive task of improving the text), the manuscript finally found its way to the top of the pile on the desk of the publisher, the Hon. Mike Henry, M.P. As a former Minister of Culture, Mr. Henry has strong beliefs in the economic potential of Jamaican culture as an export and foreign exchange earner. Interest in Jamaican language and literature naturally accompanies an interest in reggae, which has already opened up markets in North America and Europe, Japan and Africa. I am deeply thankful to all these people, and most of all, to JAH, that this little book is to be a part of the impressive array of books now being marketed at home and abroad by Kingston Publishers Ltd.

L.E.A.
Robin's Bay
February, 1991

Introduction
(1986 . . .)

The elderly gentleman sitting in the window of the shoemaker's shop in Annotto Bay leaned over and asked me, in a slightly British accent, "And how long have you been living here with us, my lady?"

"**No fohteen year?**" I answered.

"And since you have been here," he responded in impeccable English, "you have learned to speak ungrammatical English!"

"**But a no ungrammatical English**," I countered, "**A African English!**" This set off much loud discussion in the shoe-shop, and not a little laughter ...

The language whose grammar is described in this book is this so-called "ungrammatical English" – better, this Afro-Jamaican patois. It is not the language of the educated classes, no matter how peppered their speech with Jamaican words and expressions, no matter how African their accent. Many Jamaicans no longer use many of the grammatical constructions described herein, but few Jamaicans would not understand them. One can still hear them in daily use all over the island, spoken by those who have not altered their traditional speech. Afro-Jamaican patois represents one extreme, one pole of the linguistic spectrum in Jamaica. Standard English represents the other pole. The majority of Jamaicans now fall somewhere in between the two. But a large segment of the population still use all the grammar in this book on a daily basis.

The first version of this little book was written about thirteen years ago. An American woman was teaching a class of children in Highgate, St. Mary, who were supposed to be slow learners, or possibly even mentally retarded. It seemed to her that some of their problems were probably purely linguistic in nature. They came from mono-lingual patois-speaking homes where perhaps there was not even a radio broadcasting standard English. I originally wrote this book in a child's school notebook, with Afro-Jamaican sentences written with red magic marker on one page, and the equivalent standard English sentences written in blue on the opposite page. The children

1

loved reading the book in pairs, each one reading one colour.

"**I no baan ya, I ongle come on ya!**" as the saying goes. I felt that my writing a book like this, as a foreign immigrant, would not be appreciated. Therefore my little book remained in its primitive state, used only by stray tourists who expressed interest in learning more about the language. Then in 1984 a visitor, Mr. Jerry Kendrick, took an interest in my by then cockroach-eaten little book. He took it back to Lawrence, Kansas, where he printed it out for me on his computer. This encouraged me to rewrite and revise it.

I am tired of hearing visitors complain that they cannot find a good book to buy which gives an explanation of the language. Perhaps this little book can fill a gap until the U.S. Peace Corps sees fit to make the manual by the Jamaican linguist, Beryl Bailey, *Jamaican Creole Language Course* (1968), available in the commercial market.

After searching bookstores in Kingston, I have concluded that the books on Jamaican patois cluster around two poles, leaving a wide gap in the middle – into which I am casting this book. On the one hand, if one is lucky one can find two expensive hardcover academic studies of Jamaican speech by Frederic Cassidy, both classics in the field:

F. Cassidy, *Jamaica Talk: 300 Years of the English Language in Jamaica* (London, 1961);
F. Cassidy & Robert LePage, *A Dictionary of Jamaican English* (Cambridge, 1967).

The basic grammatical information in these volumes is somewhat eclipsed by a mountain of information about vocabulary and etymology. But the point is that the books are too colossal and expensive for the casual beginner who wants quick and easy access to the language*. By contrast, this little book, as its subtitle indicates, concentrates on grammar, not vocabulary. In Cassidy's words,
"The most striking differences between the folk speech of Jamaica and the educated speech are not in the sounds, still less in the vocabulary, they are in the grammar ..." (*Jamaica Talk*, op.cit., p. 49).

* Since this was written, the first title is now available in a paperback edition.

The Jamaican linguist, Beryl Bailey, has published several books on Jamaican Creole, which unfortunately at present seem to be available only in libraries. *Jamaican Creole Syntax, a transformational approach* (Cambridge, 1966) is too technical for a beginner who is not versed in modern linguistics. But her *Language Guide to Jamaica* (New York, 1962) and her Peace Corps *Jamaican Creole Language Course* (1968) need to be republished on a wide scale. The latter stresses oral exercises, pronunciation, idiomatic speech, and is some 300 pages long. It conveys grammar more by imitation than by explanation. It is available at the University of the West Indies library on microfilm.

A visitor making a quick stop in a Jamaican bookstore is unlikely to stumble on any of the above books. What *is* available in bookstores and airports are some little booklets designed to introduce tourists to Jamaican patois. I have yet to see one of these which includes an attempt to explain the grammar. They usually consist of brief lists of vocabulary and idioms likely to be encountered by the superficial visitor. Interesting light reading, but this does not speak to the needs of the more serious visitor, the one who comes back year after year, or who resides or works here for several years. In order to understand the real rural or traditional patois, people need to have an understanding of grammar, especially, in our case, of the verbal system.

Because standard English is understood, if not spoken, everywhere in Jamaica, those using this book may be less interested in learning to speak the language themselves than in learning to understand it. Some Jamaicans, like Frenchmen, tend to mock those who speak imperfect imitations of their native speech with heavy foreign accents. Others feel that Afro-Jamaican patois is simply "bad grammar" and that those who have mastered standard English are morally obligated to use it at all times. Even if she continues to speak standard English, the foreigner in the course of her professional work or in the course of her daily contacts as a resident in a community, continually encounters people speaking patois. Though these Jamaicans may more or less successfully alter their speech to make her better understand, her communication with them must be deepened by a better understanding of their grammar.

Grammar is usually quite unconscious. Small children speak according to rules of grammar of which they are quite

3

unaware. Unless one formally studies grammar, or learns another language with a different grammar, one can go through life quite ignorant of one's own grammar. Therefore a visitor who inquires of mono-lingual patois speakers about their language tends to get just what he gets in the little tourist books. People will tell him exotic Jamaican words or strange pro-nunciations or even "roots" expressions. But they are unlikely to explain how they make past and future tenses, etc. Even specific questions on such subjects may meet with evasive or confusing answers.

This book was originally short, simple and concise. It has grown a little longer and less concise, but it is still basically simple. The vocabulary list is only a small sample of the Jamaican lexicon. The idea is for the learner to go out and collect words and idioms on his own. Blank pages are provided for this purpose. The section with practice sentences and their translations is really a drill covering the most common variant grammatical constructions discussed in the text and is primarily verbal in nature. The orthographic system used to spell patois in the main body of this book is imperfect and incomplete. A less imperfect but perhaps less practical orthographic system, one originally published by Cassidy, is introduced in the final section of this book. The many questions of phonetics which are involved here are so extensive that I have made them the subject of two separate chapters.

My biggest hestitation in publishing this book relates to the nature of the story told in the Reading Selection. The story was transcribed from a tape of my children responding to their father's tale of his traumatic childhood in rural St. Mary in the 1940s. Mercifully, the tape ends suddenly just when the story is becoming too painful to print. Many Jamaicans will resent such things being exposed to outsiders. To which I can only reply, this story is clearly set in the 1940s. What was happening else-where in the world at that time is nothing to be proud of either. Furthermore, the type of foreigner who is seriously interested in Afro-Jamaican speech is not going to remain fenced into a cosmetic hotel compound. She is going to be out there among the patois-speaking strata of the population, where the differ-ences in child-rearing practices cannot be hidden from her. In fact the difficult conditions in which many Jamaican children still live cause some culture shock to the long-term visitor.

4

Finally, I would like to address one more question. This language does not have an official name. Bailey and others have called it "Jamaican Creole". This is an accurate term, but it does not seem to be much used in Jamaica today. Technically the term "Creole" refers to a mixed African/European language. But because the term was also used to refer to "Europeans born in the West Indies" it seems rather inappropriate as the name for the language of the Africans of Jamaica. The French term "patois", though widely used in Jamaica today, is not a proper name of this language either. It is a common noun which can refer to any language in the world which is considered a "broken" or "degraded" version of a "proper" language.

What we are really confronting in Jamaica is simply a process of hybridization. It is a gross calumny to assume that the result of this interbreeding is an inferior form of English. People resort to hybrids when attempting to produce superior strains of plants or animals. The English language itself was born of a similar crossing between the languages of various conquering and conquered peoples. We must at all times bear in mind that this Afro-Jamaican patois may have spawned positive improvements of the English language.

Afro-Jamaican English. How about AfroJam? Some might object to this name because the patois is also spoken by the other non-African ethnic groups such as the East Indians, the Chinese, and even the German Jamaicans. Although the East Indians, Spanish, and Arawaks have contributed a few items of vocabulary, all serious studies of this language agree that the vast majority of the non-English vocabulary is African, as is the phonology (the sound system) and much of the grammar. The African element in the Jamaican population is in the overwhelming majority, probably in the region of 90-95%. The fact that all races have adopted the Afro-Jamaican speech does not make it any less African ...

The Question of Phonetic Spelling
(Part I)

The seemingly insoluble problems involved in the spelling of Afro-Jamaican speech caused me to stash away this book for twelve years. I despaired of finding a satisfactory solution. The problem does not lie in the phonetic spelling of peculiarly Jamaican words or pronunciations. These can be spelled fairly easily with simple non-technical phonetic spellings (for most of which I am indebted to Bailey and Cassidy, *op.cit.*). The problem lies in the spelling of standard English words which are pronounced approximately the same way in Afro-Jamaican and in standard. If the standard spellings of such words are retained, the effect is a glaring contrast between the phonetic simplicity of the Jamaican words and the grossly non-phonetic, often absurd, archaic spellings of the standard English. Yet to respell standard English phonetically involves retranscribing the entire English language, an improvement which should have been effected and put into general use centuries ago.*

English was originally a patois, like Afro-Jamaican. It was an "ungrammatical" (i.e. "new-grammatical") mixture of the Germanic language of the conquered Angles and Saxons and the Norman French language of their conquerors, with bits of Celtic and Latin thrown in. Similarly, the Jamaican patois is a "new-grammatical" mixture of the languages of the conquered Africans and that of their English conquerors, with bits of Spanish and native American Arawak thrown in.

The phonetic differences in the various languages ancestral to the young medieval English patois have left us a jumbled heritage. Modern English has never even pretended to have any phonetic consistency. A separate technical phonetic alphabet for use in dictionaries, etc., has to be employed side by side with the jumbled standard spellings. The much younger

---

* The only valid argument for retaining certain non-phonetic spellings is the homonymic argument: certain spellings help us to distinguish otherwise identical words (to, too, two). The answer to this argument is simple: we manage to overcome this problem in speech, where the context, not our ears, supplies the meaning intended. So why can't we rely on the context when writing?

Jamaican patois is now in need of a committee of the wise to undertake to standardize a reasonably phonetic spelling of our language. Then we might aspire to join the ranks of the 20th century community of African languages, many of which have been professionally transcribed by modern linguists.

The Orthographic Systems Used in this Book

Two orthographic systems are used in this book, two different attempts to transcribe or spell Afro-Jamaican speech. They are to be compared by reading the "**A version**" and the "**B version**" of the reading selection at the end of this book.

The **B version** is a complete phonetic rendering, in which non-phonetic standard spellings are totally eliminated, and the finest nuances of Jamaican pronunciation are easily recorded. This system was first published by Cassidy in 1961 (*op.cit.*), who only used it as phonetic spellings are used in dictionaries, in parentheses. Bailey adopted this system as the Jamaican orthography in her *Jamaican Creole Language Course* (*op.cit.*), written for the U.S. Peace Corps. I have taken the liberty of modifying this system slightly to make it easier for the general public to handle. A complete explanation of this **B version** and of the importance of the questions of phonetics and orthography in the Jamaican context is also found at the end of the book (see "The Question of Phonetic Spelling", Part II).

The **A version** is the system used throughout the body of the text, in the grammatical explanations, examples, and the glossary. It is an imperfect and incomplete system, like all the other systems now in use by various artists, poets, and writers. It is imperfect and incomplete because it is only partially phonetic. A true indication of pronunciation is given only in the spelling of peculiarly Afro-Jamaican words, or where the Afro-Jamaican pronunciation diverges appreciably from the standard English pronunciation, or where there is some danger of confusion between the two juxtaposed systems. In most cases where the Jamaican pronunciation is approximately the same as the standard pronunciation, I have retained standard spellings, even where they are archaic and absurd (one, night, know, two). I have done this to maintain a feeling that this is indeed a variation of the grand old English language.

By contrast, one glance at the **B version** gives the impression that Afro-Jamaican is a fully African language, forbidding any casual outsider to penetrate its secrets. In my opinion the **B version** is a superior method of transcribing Jamaican patois, and indeed of transcribing the English language. However, it is totally impractical and unrealistic to imagine such a system coming into use in our school systems in any foreseeable future –unless a modern King James arises in the metropolitan countries and appoints a committee of the wise to chuck all the mixed-up, archaic, and absurd spellings into the wastebasket – a most unlikely scenario ...

The Phonetic Peculiarities of Afro-Jamaican

A. Consonantal Peculiarities

1. Terminal consonants such as T, D, or P are usually omitted when preceded by another consonant: (**waan**/want; **spen**/spend; **cris**/crisp). Where this loss would affect the reader's perception of the meaning of the word, or of the vowel quality, an apostrophe has been added: (**fin'**/find; **don'**/don't).

2. Occasionally consonants are reversed: (**flim**/film; **aks**/ask; **huks**/husk; **shotrage**/shortage).

3. Sometimes an entirely new "intrusive" consonant is thrown in (**fishnin**/fishing; **ongle**/only; **destent**/decent; **liard**/liar).

4. B can take the place of V: (**bex**/vex; **bikl**/vittles; **shoob**/shove).

5. DL can be replaced by GL: (**sagl**/saddle; **migl**/middle; **kyanggl**/candle; **hanggl**/handle).

6. DR can be replaced by J: (**jum**/drum; **jugs**/dregs, drugs; **junk**/drunk).

7. J can be replaced by D: (**dis** or **dus**/just).

8. Initial H is often dropped, or added onto words beginning with a vowel, a Cockney legacy: (**av**/have; **hegg**/egg; **heat**/

eat; **aaty**/hearty). Initial W can be dropped and an initial H substituted: (**ooman** or **hooman**/woman; **hood**/wood; **hooda**/would).

9. The terminal sounds -OWN or -OUND may be replaced sometimes by -UNG, a pronunciation which seems to be losing **grung**/ground: (**dung**/down; **tung**/town. Also **bunks**/bounce).

10. Internal R is often elided or omitted before a consonant, resulting in vowel changes: (**bun**/burn; **tun**/turn/ **bood**/bird; **wook**/work (short OO as in "book"); **haas**/horse; **hot**/hurt). Terminal R is usually dropped, leaving a short A to replace final -AR, -ER, -OR: (**docta**/doctor; **slippa**/slipper; **ya**/here). Where the omission of the final R might cause confusion or suggest a change in vowel quality, I have substituted H: (**weh**/where; **deh**/there) (only in the "**A version**").

11. Initial S in the combinations ST, SP, and SK is often dropped: (**'kin**/skin; **'pit**/spit; **'tick**/stick).

12. There are no TH sounds in Afro-Jamaican. The TH of 'thick' becomes simply T: (**tick**/thick; **tree**/three; **tohsan**/thousand). The TH of 'this' becomes D: (**dis**/this; **wid**/with; **wanedda**/another).

13. Internal -TTL- or -TL- becomes -KL-: (**likl**/little; **bokl**/bottle; **tikle**/title).

B. Vowels and Peculiar Diphthongs (in the **A version**)

The proper vowel system for transcribing Afro-Jamaican vowels is the so-called continental system (used in transcribing most sub-Saharan languages of Africa). Basically the five vowels are pronounced as in Spanish:

A - ah or aah
E - eh or ay
I - i or ee
O - oh or long o
U - uh or long u or long oo

Note that the eleventh vowel, short OO as in "book", is not included in this continental system. I use double OO to represent this sound where necessary.

Notes

1. a) Following Cassidy and Bailey, I have used a double AA
        to indicate the long "aah" sound: (**waar**/war; **maanin**/
        morning).
    b) Note that the "aw" sound of English "call, bawl, all" etc.
        is lost in Jamaican in favor of a long "ah" or AA sound:
        (**caal**/call; **baal**/bawl).

2. An odd phenomenon called palatalization occurs in certain
    cases when a A is preceded by a hard G or hard C(K) sound.
    The A becomes a YA sound: (**kyar**/car; **kyai**/carry; **kya**/care;
    kyap/cap; **kyan**/can; **kyaan**/can't). The K is used here in
    preference to C because C before Y is soft, as in "cyanide".
    (**Gyal**/gal, girl; **gyap**/gap; **gyard**/guard; **gyarden**/garden).
    Note that this G is hard, not soft as in standard "gyrate".
    This palatalization does not occur before all shades of the
    vowel A. Thus "call" is not **kyall**, but **caal**.

3. I often spell the short E sound (as in "egg") with an EH if
    there is any chance of confusion with standard English spell-
    ings where a single E sometimes has an "ee" sound. Thus
    Jamaican **weh**/where could be spelled **we** except for confu-
    sion with standard "we".*
    On the other side of the same coin, I have changed the spell-
    ing of the pronouns "we, me, she" to **wi, mi, shi** to avoid
    using the single E to express the sound I in the continental
    system.

4. The long I sound of English is not included in the continen-
    tal vowel system. Technically, it is the diphthong AI (as in
    the exclamation **Ai-yai-yai!**). I have preserved the spelling I
    for the personal pronoun "I" in the **A version** in the inter-
    est of familiarity and because of the importance of the I-syn-

---

* Long E (-ay as in day) is actually usually pronounced as a diphthong in Afro-
Jamaican speech: **die**/day; **niem**/name. This 'diphthongization' of the long E sound
is included in the **B version** phonetic system mentioned above. I have refrained
from using such spellings in the **A version** in the main body of the text in order to
retain the familiar standard spellings. In addition, this diphthong pronunciation is
becoming less accentuated among the modernized and the urbanized, being pre-
served mainly for special emphasis. A similar diphthongization of the long O
sound (**bluo**/blow; **nuo**/know/ **stuon**/stone) has been left out of the **A version** but
included in the **B version** for the same reasons.

10

drome in Jamaican Rastafarian speech.*

5. Note that in Jamaican speech short O is pronounced exactly like A – "a". Thus **pot, hot** are indistinguishable from **pat, hat**. In the interest of preserving standard English familiar spellings where they are not grossly confusing, I have retained both the A and the O to spell this identical sound.
Note that short A is the short "ah" sound, never the nasal short A of American speech. Thus **man** is pronounced "mon", and many have taken to spelling it so. To be consistent one would have to change all A's into O's, with much loss of familiar spellings.

6. Where there is a special need to distinguish a long O sound from a short O, I have used the device of adding an H: (**tohn**/town – see below, no. 9).

7. The English diphthong OI is pronounced in Jamaican patois like long I in standard English (AI in the continental system). Cassidy (1961, p. 34-35) points out that this pronunciation was acceptable in 18th century English and still survives in dialectal pockets in England today: (**ile**/oil; **nise**/noise; **vice**/voice; **tai**/toy; **pison**/poison). **Pison** seems to be an exception to the usual rule that a W intrudes between the diphthong and a preceding B or P: (**bwai**/boy; **'pwile**/spoil; **bwile**/boil).

8. The English diphthong OU or OW, when pronounced as in "Ouch!", is softened in Afro-Jamaican to the long O sound (spelled **oh** in the **A** version): (**coh**/cow; **hoh**/how; **noh**/now;

---

* This use of the letter I for the personal pronoun "I" creates a certain problem, however. There are two other very common Afro-Jamaican words which also consist solely of the letter I (but are pronounced as a continental I or "ee"). One is the pronoun "it", minus the terminal 't': **i'**. The other is the definite article **di**/ the, whenever the initial D is dropped: **'i**. When these two little words are written in small case type, **i'** and **'i**, there can be no confusion with the personal pronoun "I". But should one of them, especially the pronoun **i'**/it, occur at the beginning of a sentence, real confusion is created:
I waan some moh can be 1) I want some more, or 2) It wants some more (it needs, it is lacking).
This problem is usually solved by the use of the apostrophe to indicate the elided or omitted letter. Thus **I'** is the pronoun 'it', while **'I** is the article **di**. I am annoyed by transcriptions of dialect which are splattered with too many unnecessary apostrophes representing every omitted letter. As a compromise I only use the apostrophe where there seems to be an actual danger of confusion. Otherwise, the context makes the meaning clear.

11

brohn/brown; **arohn**/around; **hohs**/house). See above, (Section A, note 9) for instances where -OUND or -OWN becomes -UNG.

9. Many other subtleties in Jamaican pronunciation of vowels and diphthongs are self-evident from the spellings used in the text. Others are ignored in favour of the standard spellings in the main body of the text (**A version**), but are recognized and included in the true phonetic system (**B version**) used in the Reading Selection at the end of the book. I repeat that I have not used this fully phonetic system in the main text because it gives the impression that Afro-Jamaican patois is a strange and arcane language, difficult to penetrate. Retaining the maximum number of standard English spellings preserves the sense of familiarity necessary to encourage students unfamiliar with the language and bilingual children who need to bridge the two languages in their minds every day.

An Introduction to Afro-Jamaican Grammar

I.   Nouns

The plural in Afro-Jamaican is often implied or under-stood. The singular form of the noun is the form for both singular or plural, except in a few cases where the standard plural has become the singular form:

one foot, two foot	one foot, two feet
one man, nuf man	one man, many men
one teet, six teet	one tooth, six teeth
one iez, two iez	one ear, two ears

In other words, the archaic stem-changing nouns (foot/feet, etc.) have been reduced to one form, and the plural suffix -s has been eliminated. When there is a clear need to indicate a plural, the third person plural pronoun, **dem**, is placed after the noun:

di man-dem	the men
Di gyal-dem a come.	The girls are coming.
Don' blame di yout-dem.	Don't blame the youth (pl.).
Move di goat-dem.	Move the goats.

This practice of using the third person plural pronoun after the noun to indicate the plural is an African device carried over to Jamaica. Most Afro-Jamaicans are descended from peoples speaking languages of the Niger-Congo family. This vast family of related languages stretches from Senegal to the tip of South Africa and the shores of East Africa. It includes such languages as Akan, Twi, Fanti, Ewe, Yoruba, Ibo, Efik, Ibibio, Mandingo, Wolof, Serer, Fulani, etc. as well as the myriad lang-uages of the Bantu sub-family (e.g. Kikongo, Ovimbundo, Duala, Kuba, Luba, Swahili, etc.). A minority of the languages of this family has lost the original common system of noun suffixes and prefixes indicating the plural. These languages resort instead to the device of adding the third person plural pronoun to indicate the plural. An example is the Ewe language of Ghana and Togo: **ame-wo**/man-they ("the men").*

In the Yoruba language the third person plural pronoun is placed before a noun to indicate the plural. This usage perhaps survives in the Afro-Jamaican:

Yu see dem pikny?
Do you see the children?
or those children?
or their children?

Note that this **dem** before the noun, however it is translated, removes the need for a **dem** after the noun. It is already clear that a plural is involved here.

Possession

English uses -'s or -s' to indicate the possessive case of a noun. In Afro-Jamaican possession is either implied or indicated by the preposition **fi/for**:

A di bwai boat.   It is the boy's boat.
A di bwai-dem boat.   It is the boys' boat.
A fi 'i bwai.   It is the boy's.
A fi 'i bwai-dem.   It is the boys'.

---

* *Encyclopedia Britannica*, under "African Languages: the Niger-Congo Family", and Dietrich Westerman & M.A. Bryan, *The Languages of West Africa* (Oxford, 1952), p. 92 ff. The much simplified device of using "they" to indicate a plural is also used in many of the languages of the Mandingo sub-family. The Mandingo people created the enormous multi-national Mali empire in the medieval period. The Mali empire may have preserved important cultural and linguistic traditions dating back two thousand years to the ancient Nilotic empire of Kush, whose capital city, Meroe, was near modern Khartoum in the Sudan. Amazing as it may seem, traditional Jamaican patois has actually preserved a method of plural formation the roots of which stretch back to the Meroitic language spoken in the first millennium B.C. Although this extinct language has not yet been fully "cracked", or deciphered, its pattern of forming noun plurals is clear: the third person plural pronoun, **abe**, functions as the plural suffix (Zhylarz in *Kush*, Vol. 4, 1956, p. 26). This suffix may have struck the Greek ear as **ope**, and may explain the ending of many foreign ethnic plural names as preserved in Greek: **Kassopes, Rhodopes, Aeropes**, and, most famous of all, **Aithiopes**, the ancient Ethiopians from the kingdom of Kush. This suffix still survives in several languages in the Caucasus area, where it may have been carried by the black-skinned, woolly-haired Colchians, deserters from an Egyptian army which invaded Asia.

14

II. Articles

A. Definite Article

"The" is pronounced DEE or DI. I have chosen the spelling DI to avoid confusion with the adverb and verb **deh/** there, which is often spelled **de** in dialect literature or in phonetic spellings.

In rapid speech the word **di** is often reduced to **'i**. Usually at the beginning of a sentence the D is retained, but even here it can be dropped:

Di pikny a dead.	The child is dying.
'I pikny a dead.	

When necessary I use the spelling **'i** or **'I** to distinguish this definite article from the pronoun "it", which is usually spelled i' or I' (dropping the final T), and from the pronoun "I":

I a gi 'i man i'.	I am giving it to the man.

When the D of the definite article is dropped after a preceding A, a long "I" (AI) sound is produced by the combination of the A and the I:

offai table	off of the table
eenai hohse	in the house
Im gaan ai bank.	He has gone to the bank.
Ai bwai boat.	It is the boy's boat.

B. Indefinite Article

Although the word "a" may serve as the indefinite article, as in standard English, the word "one" is frequently used in its stead. This may have resulted from the need to distinguish the indefinite article from the preposition **a** and the verb **a** (see below, IV and VII/L):

	Gi mi a cutlass.	Give me a machete.
But:	**Mi a gaa one flim.**	I am going to a movie.
	A wa dat? A one duppy?	What is that? Is it a ghost?

15

III. Adjectives and Adverbs

The adverbial ending -LY is usually dispensed with. The same word can serve as adjective or adverb:

Di pikny quick, eeeh?	Isn't the child quick?
Run quick noh, man!	Run quickly won't you, man!

(**Noh** is used as a tag question, like Spanish "no?", French "n'est-ce pas?", English "won't you?" etc. A nearly equivalent patois tag is **don't it?** But **noh** is most commonly used in a specific sense best described by Cassidy and LePage: "following an order or request, inviting compliance. A response in terms . . . of action is expected . . .")

Descriptive adjectives or adverbs are often doubled, a trait of many African languages:

A so-so wuk mi deh pon.	I have nothing but work to do.
A one dege-dege piece im gi mi!	He gave me only one measly piece!
Di pikny too fraidi-fraidi.	The child is too fearful.
How yu a do i slaka-slaka so?	Why are you doing it so slackly?

The adverbs of place, **deh**/there and **ya**/here, are often used with the adverb **so**:

deh-so, ya-so	right there, right here

Comparison

Was' bite hotta dan ants bite.	Wasp bites are more painful than ant bites.
Fanso bigga 'an Pressafoot.	Fanso is bigger than Pressafoot.

Dan or **'an** are both in common use for standard English "than".

16

Im ai biggis outai whola　　He is the biggest one of my
　　　mi pikny dem.　　　　　　　kids.

For superlatives there are also many colourful, fairly
untranslatable idioms such as:

Di mango-dem sweet　　　The mangoes are
　　　yu laas!　　　　　　　　　unbelievably sweet!
Dat man deh bad no ras!　That man is damn bad!

17

IV. Prepositions

1. A means "to, at, in, of" etc.:

a tung	to town
a yaad	at home, in the yard
offa	off of
eena	in, into
paat ai lan'	part of the land
haf ai peer	half of the pear

2. **Boht** is the common form of "about".

3. Fi means "for" or indicates possession. (See Pronouns, possessive, V, B):

Fi wa?	What for?
Im gaan fi im ting-dem.	He has gone for his things.

Note that **fi** at the end of a sentence is usually **fa**:

A wa dat good fa?	What is that good for?

This preposition **fi** must be distinguished from the verb **fi**, meaning "must, should":

Yu fi gi mi fi yu money fii wata bill.	You must give me your money for the water bill.

4. **Fran** is a form of the preposition **fram**, usually before a vowel.

Fran ya to deh.	From here to there.

5. **Ina** or **eena** means "in, into"; at the end of a sentence, simply **een**:

ina di hohse	in the house
Put i eenai box.	Put it into the box.
I' gaan een.	It has gone in.

6. **Ohta, hoht** means "out of, out".

7. **Pon** means "on, upon".

8. **Puttin' away** means "except".

9. **Unda, unnaneet, neet** means "under, underneath, beneath".

10. **Widohtn,** "without, unless".

V.   Pronouns

A. Personal Pronouns

	Singular		*Plural*	
1st person:	**mi, I**	I or me	**wi**	we or us
2nd person:	**yu**	you	**yu, uno**	you, you all
3rd person:	**im**	he, she, her, him, it (animate)	**dem**	they, them
	shi	she, her		
	har	her		
	i', it, hit	it (inanimate)		

Notes

Afro-Jamaican speech has dispensed with distinctions of case, such as subjective, possessive, objective pronouns. Thus, with the exceptions of the modern intrusions, **us** and **har**, the various forms of the personal pronouns can be used interchangeably:

1st person:	**Mi a dead!**	I am dying!
	Gi I some, noh?	Won't you give me some?
	Tell wi di trut'!	Tell us the truth.

But *never:*   **Us a go.**

Cassidy (1961, p. 54) points out that a word **me** (**mi**?) also happens to be the first person singular in Twi and some related languages from Ghana. Thus it is not surprising that in traditional Jamaican speech it was the ubiquitous form of the first person singular pronoun.*

---

* Cassidy states that the pronoun I is pronounced A (AH). This is a common pronunciation, but my own observation is that the increasing stress on I brought about by education and the Rastafarian rejection of mi for I has resulted in a clearer long I (AI) sound as in standard English. To the Rastas the choice of I implies self-assertion and dignity, and the syllable is affixed to and substituted in many of their words.

2nd person: Why does standard English lack a second person plural pronoun? Afro-Americans introduced "you-all" or "yal" to fill the same need. The Jamaican word **uno** (or **unu**), according to Cassidy (p. 54) probably derives from the Ibo language of Nigeria.

According to some surviving African principle of vowel harmony, a final -i sound before **uno** can change to -u:

Mi fi gi uno some?	Should I give y'all some?
Mi fi gu uno some?	
A fi uno dem ya?	Are these yours (plural)?
A fu uno dem ya?	

3rd person: In traditional Afro-Jamaican speech, as in many African languages, one pronoun, **im**, served for both male and female. It can also represent the pronoun "it" in reference to animate creatures, and even inanimate things personified, such as boats, cars, etc. This parallels a similar usage in colloquial English: "Give her gas!"

Im dus av baby.	She just had a baby.

This pronoun **im** is in fact often pronounced as a pure nasal sound **i**, without a final -M sound. Its presence in rapid speech can often escape the foreign ear.

Nowadays the pronoun **shi** is gaining ground. It can be used in the objective case, though **im** or **har** would be more common. **Har** is not used in the subjective case unless it is the second element in a compound subject:

Mek shi gwaan!	Make her go on!
Mek har gwaan!	
Mek im gwaan!	

Me an har a gwaan
     widohtn uno.
	She and I are going on
	     without you.

But *never:*   **Har a go.**

Similarly, though **dey** can be heard sometimes for the third person plural subjective case, it is never used in the objective case. However, **dem** is still nearly universal for both cases:

21

Dem a baal fi wata.	They are bawling for water.
Gi dem some!	Give them some!

But *never:* **Gi dey some!**

Rastafarian pronouns: The Rastafarians have their own peculiar pronoun system, intended to emphasize the unity or **I-nity** of all persons. This system uses forms of **I, I an I, I-man**, or **I-ah** in all cases:

	Singular	*Plural*
1st person:	**I, I an I, I-man**	**I an I**
2nd person:	**I-ah** (direct address or vocative) **di I, di Idren** (brethren)	**di I-dem, di Idren**
3rd person:	**di I, di Idren**	**di I-dem, di Idren**

Examples:

I man a tell di I.	I am telling you, or him, or her.
I an I dis a sata.	We are just giving thanks and rejoicing.
The I-dem no fi folla samfai man.	Y'all mustn't follow con men.
Gi di I fi im dunza, noh, I-ah!	Give him his cash, now, man!

B. Possessive Pronouns (and Possessive Adjectives)

To form a possessive pronoun one simply places the word **fi/for** before the personal pronouns:

	Singular		*Plural*	
1st person:	**fi mi**	my, mine	**fi wi**	our, ours
2nd person:	**fi yu**	your, yours	**fi yu, fi uno**	your, yours
3rd person:	**fi im fi ar**	his, hers, its, hers	**fi dem**	their, theirs

22

Gi I fi I rights!	Give me my rights!
Di donkey a fi wi.	The donkey is ours.
A fu who dis? A fu uno?	Whose is this? Is it yours?

In practice the personal pronoun is often simply used as the possessive adjective, without **fi**:

Tek yu meat hohta mi rice!	Take your meat out of my rice!

C. Demonstrative Pronouns (and Adjectives)

As in American colloquial speech, the simple demonstrative pronouns and adjectives, **dis**/this and **dat**/that, are often expanded to "this here (one)" and "that there (one)":

Dis ya a boss.	This here (one) is boss (superior).
Dat deh a fi i bredda.	That (one) there is the brother's.

Dat one deh is sometimes shortened to **da one deh** or **'a' one deh**, **'a'** being the word **dat** minus the initial D- and final -T. In the plural we have **dem ya** and **dem deh**, though the words **dese** and **dose** are gaining some ground:

Dem ya nail-dem betta an dem deh.	These nails are better than those.

D. Interrogative Pronouns (and Adjectives)

The usual English interrogative words are in general use: who, which, what (**wa**), when, where (**weh**), etc. However there is no inversion of subject and verb in general interrogation:

Who a come?	Who is coming?
Hoh long yu a wait?	How long have you been waiting?
When yu a go?	When are you going?

The common use of the word **A** before an interrogative word has been noted by Cassidy (1961, p. 56) with the comment that Twi and some other Niger-Congo languages also have an interrogative word **A**.

A who do i?	Who did it?
A yu do i?	Did you do it?
A im name Pearlene?	Is she the one named Pearlene?

E. Relative Pronouns

These are generally similar to standard English, "whom" of course having been dropped. The pronoun **wa** (what) is also used to mean "who, which". There is another relative pronoun, **wey**, which sounds just like **weh** (where), but can mean "what, who, which, that". Perhaps it is the word "where" extended like "what" to other meanings, or perhaps it is even some African word. In any case, it is ubiquitous:

di book wa mi lef boht ya	the book which I left around here
di gyal wa yu a talk	the girl about whom you are talking
di man wey mi see wa day	the man whom I saw the other day
di rockstone wey im tek lick mi	the rock with which he hit me

24

VI.   Conjunctions

The subordinate conjunction **say**, otherwise spelled **sey** or **seh**, is the most distinctive Jamaican conjunction. It follows verbs of telling, hearing, thinking, communicating, etc. and is often identical with or indistinguishable from the verb **say**, used in sequence with the preceding verbs:

Im tell wi say im bex.	He told us that he is angry.
A true say im dead?	Is is true that he is dead?

Uno no ya say dem
     dead areddy?
	Haven't you heard that
	     they are already dead?

Yu no tink say mi
     fi dwi?
	Don't you think that I
	     should do it?

According to Cassidy there is an Akan verb **se** (from Ghana), "which after a previous verb means saying, telling, commanding, and introduces the words spoken. It is often not to be translated; it means no more than 'namely' or serves as a mere quotation mark" (1961, p. 63).

That Jamaicans use the word neither fully as a verb nor as a conjunction is clear from the two following examples:

A wa yu tell im say?	What did you tell him?

In this case the two words **tell** and **say** are associated in the same way as in the first examples, but **say** here could not be a subordinate conjunction, as there is no following clause or quotation.

Yu no see say a lie
     im a tell?
	Don't you see that he is
	     telling a lie?

Because seeing or perceiving does not involve speech, the word **say** here could not be the verb, but is rather a subordinate conjunction. Where the two uses of **say** are both present, one would expect to find the phrase **say say**. Although one does hear this sometimes, I have noticed that people usually stop short of saying **say say**. Instead they stress the word **say** and then pause a second before going on to the quoted material:

Im say, di gyal no
     good an im naa
     mix up wid har.
	He said the girl is no good
	     and he is not going to
	     mix up with her.

25

VII. Verbs

The Afro-Jamaican verbal system has eliminated most multiple forms of standard English stem-changing verbs, such as "go, went, gone", "sing, sang, sung", or "am, is, are, was, were, etc.". It has also eliminated the few surviving English tense suffixes (-s, -t, -ed) and participial suffixes (-en, -ing). In most cases one form of the standard verb has become the Jamaican form of the verb. This verb is then used by itself or in combination with various auxiliary verbs (or remnants of auxiliary verbs) to indicate various tenses.

A. Basic Jamaican Tenses

1.	*Simple Present*	**im say**	he says
2.	*Present Progressive*	**im a say**	he is saying
3.	*Past Definite*	**im en say**	he said
		or **im wen say**	
4.	*Past Progressive*	**im ena say**	he was saying
		or **im wena say**	
5.	*Future*	**im a go say**	he is going to say
		or **im ao say**	or he will say
		or **im o say**	
		or **im wi say**	
6.	*Past Future*	**im ena go say**	he was going to
		or **im enao say**	say
		or **im wena go say**	
		or **im wenao say**	
7.	*Conditional*	**im wooda say**	he would say
		or **im da say**	
8.	*Past Conditional*	**im wooda en say**	he would have said

B. Negative Forms of the Tenses

1.	*Simple Present*	**im no say**	he does not say
		or **im don' say**	

26

2.	*Present Progressive*	**im naa say**	he is not saying
3.	*Past Definite*	**im nen say**	he did not say
4.	*Past Progressive*	**im nena say**	he was not saying
5.	*Future*	**im naa go say**	he is not going
	or	**im nao say**	to say
6.	*Past Future*	**im nena go say**	he wasn't going
	or	**im nenao say**	to say
7.	*Conditional*	**im neva wooda say**	he wouldn't say
8.	*Past Conditional*	**im neva wooda en say**	he wouldn't have said

Anyone who has had to struggle to memorize the confusing jungle of English stem-changing irregular verbs will appreciate at a glance the superiority of this Afro-Jamaican stable-stem verbal system. No wonder a child who thinks in this language has trouble trying to translate his thoughts into standard English archaic forms. This is especially true when, as in many of our Jamaican primary schools, little or no explanation of this constant process of mental translation is provided by the teacher. A Jamaican schoolchild may be secretly convinced that his own language is superior to the jumbled verbal forms which he is forced, usually unsuccessfully, to memorize. But he dare not express such an opinion in the classroom, where the canons of standard English are still sacrosanct.

C. Variant Tenses

The above chart is an oversimplified version of a more complex reality. Jamaicans love to point out peculiar localized versions of various tenses. But on the whole the language is remarkably homogeneous, given the varied ethnic backgrounds of the people who speak it. The most commonly mentioned peculiar tenses which do not appear on the chart are:

Mi ben deh say or **mi wen da say**	which seem to be a past progressive tense, variants of **ena say** or **wena say**.

27

Mi deh say or **mi da say**	which some claim is a future tense; more likely it is a present progressive.

This last one, **mi da say** should be distinguished from **mi wooda say** or **mi did a say**, in both of which the first syllable can be gobbled up, leaving simply **mi da say**. In these two forms, especially as a condensation of **mi wooda say**, **mi da say** is quite current and common. As a present progressive (in the above list) it is archaic and uncommon.

As the older rural forms of patois fade out, newer tense forms more closely approaching standard English are taking their place, especially among the young. Nowadays one frequently hears:

mi did say instead of **mi en say** or **mi wen say**	I said
mi dida say instead of **mi ena say** or **mi wena say**	I was saying
mi did a go say instead of **mi enao say** or **mi wenao say**	I was going to say

Note that the traditional *negative* forms of the tenses are holding their own. One doesn't hear **mi no did say**, but rather **mi nen say**, etc.

I will leave other such detailed questions to the specialists. As its title implies, this book is by no means a complete survey of Afro-Jamaican grammar. It is an introduction . . .

D. African Cousins

The Afro-Jamaican tense system just outlined bears a striking resemblance to a system typical of perhaps the majority of languages of the Niger-Congo family. In this system an unchanging verbal root or stem is preceded by the subject and a "tense particle" (or "tense infix", "tense marker", "tense indicator"). Here is a sample from Swahili, a member of the

28

Bantu sub-family:

Simple Present	**(a-a-sema) a-sema**	he says
Present Progressive	**a-na-sema**	he is saying
Simple Past	**a-li-sema**	he said
Present Perfect	**a-me-sema**	he has said
Future	**a-ta-sema**	he will say
Conditional	**a-nge-sema**	he would say
Past Conditional	**a-ngali-sema**	he would have said.

Recent studies have suggested that 131,000 souls, or 17% of the total number of Africans imported into Jamaican slavery, originated in Central Africa and therefore spoke languages of the Bantu sub-family; 25% or 190,000 originated from the Gold Coast area, modern Ghana and Togo; and 28% or 212,000, originated from the Bight of Biafra, modern Nigeria and the Cameroons.* (Bantu-speaking Cameroonians may figure as part of this last group.) The relevant ancestral languages of the Gold Coast and of Nigeria are part of the Kwa sub-family of Niger-Congo, characterized by an invariable verb root and frequent use of tense particles.**

One recent scholar, S. Mittelsdorf, has made the point that the English practice of using the uninflected verb with an auxiliary verb ("He must go, he may go, he will go, etc.") is actually structurally similar to the African model. Thus the Jamaican system can claim both English and African ancestry:

Afro-Jamaican:	**im o go** or **im wi go**	(future)
English:	he will go	
Twi (from Ghana):	**o-be-ko***** ("he-will-go")	(future)

E. The Evolution of Afro-Jamaican Auxiliary Verbs into Tense Particles

Future research on the origins of African tense particles, difficult as this may be in the near absence of written historical evidence, may reveal that many of them were originally auxiliary verbs which evolved into tense particles. Africans

*   Philip D. Curtin, *The Atlantic Slave Trade, A Census* (Madison, 1969).
**   D. Westerman & M.A. Bryan, *The Languages of West Africa*, p. 93ff (Oxford, 1952).
***   Sibylle Mittelsdorf, *African Retentions in Jamaican Creole: A Reassessment* (Northwestern Univ. Ph.D. thesis, 1978), p. 124-25.

arriving in Jamaica would have been impelled by their in-grained speech habits to adopt the pre-existing English auxiliary verbs and streamline them into tense particles. Or they may have even carried over some particles directly from Africa – at present the scholars are debating such questions.

1. The Future Tense

The two Jamaican future tense particles, **o** and **wi**, are perfect examples of the above process. The auxiliary verb "will" has been shortened to **wi**. The auxiliary verb "is going", as in "he is going to say", becomes in Afro-Jamaican, **im a go say**. In rapid Jamaican speech the G gets in the way, and we get **im ao say**. But two vowels side by side in patois often coalesce into one. Thus we end up with the ubiquitous **im o say**. The simultaneous use of all three forms of this tense marker is a living specimen of the process of an auxiliary verb being condensed into a tense particle.

2. The Progressive or "-ing" Tenses

The normal progressive particle **a** may have some connection with the old English "they are a-dancing"/**dem a dance**. Many "Jamaicanisms" are surviving examples of now obsolete old English usages (Cf. Cassidy, *passim*). However, since **a** is also a common tense particle and/or connecting verb in various African languages, we are probably dealing with another example of mixed Anglo-African ancestry.

As for the variant form of the progressive particle, **da**, as in **dem da baal**/they are crying, this could well be a contraction of **deh** and **a: dem deh a baal**. Both the Ewe and Twi languages of Ghana have a verb **de** meaning "to be"*. Such an etymology would exactly parallel the old English form, "They are a-crying".

3. The Past Tenses

The past tense particle **en** is often pronounced "in", or even more frequently reduced to a simple nasal sound, which could be phonetically indicated by the spelling i. It is pronounced exactly like the common nasalization of the pronoun **im : i**. Of course grammatically and etymologically the

---

*   Mittelsdorf, *op.cit.*, p. 119 ff. Cassidy & LePage, *op.cit.*, under **de**.

two little words are totally unrelated. When this tense particle is reduced to a single nasal sound, it often escapes the notice of the inexperienced or inattentive listener. At high-speed Jamaican speech frequencies it is a subtle sound often gobbled up by neighbouring sounds. But careful listening attests to its continued widespread use, especially in the negative forms of the tenses. Among the modernizing, it is being replaced by **did**.

The question of the etymology or origin of this past tense particle **en** is an interesting one. A common variant is the form **wen**. Cassidy (1961, p. 60) suggests that this is a phonetic variation of the auxiliary verb **ben/been**. This would account for the widespread pronunciation "in", rhyming with "been". Thus we would have:

> **mi ben go/ mi wen go/**   all meaning "I went"
> **mi en go/ mi in go/ mi i go**

However, another pronunciation of the particle **wen**, at least in St. Mary, is the diphthongal **we-in**, which does not at all sound like "been". This suggests the common condensation of the verb "was", **wey** or **weh (we-)**, has been tacked on to the past particle. Such problems are better left to the specialists. Again, we are probably seeing in midstream the process of condensation of an auxiliary verb into a tense particle. The original words, in a non-written culture, would soon be forgotten as one condensation eventually emerges as the accepted tense marker.

F. The Present in the Past, an African Concept

In spite of the existence of this Afro-Jamaican system of tense formation, it often appears to the casual observer as if Jamaicans do not use the various past tenses as often as they use the simple verb stem alone. This phenomenon also has an African interpretation. In many African languages, once a past time frame has been indicated (e.g. by **yestaday, dus likl while**, etc.) the various actions taking place within that time frame can be expressed by a present tense. This is particularly true in narration. It is not necessary for each verb to be in the past tense as in English.

Similarly, in Afro-Jamaican, if the context makes it clear that a past time is indicated, there is no need for past tenses. I prefer to think of this as "the simple tense", the basic verb stem without any accompanying auxiliary verbs or tense particles. It may be translated by a variety of tenses in standard English:

Shi lick im, den shi tump im.	She hit him, then she thumped him.
Afta im come, wi nyam i off.	After he came, we ate it up.
A wa im tell yu say?	What did he tell you?

It is clear to the speaker that these actions of licking, nyamming, telling, etc., have already happened, so there is no need for a past tense particle. However, one could have said equally well, **A wa im en tell yu say?** The point is that the use of the past tenses is much more optional than in standard.

It is much less common to dispense with the future and progressive particles than with the past one. However, in the first person, the future particle **wi** can lose the W through elision, resulting in something that sound tenseless:

Mi 'i gu yu, sounding like **mi gi yu** for "I will give you".

(But careful listening usually reveals a slight prolongation of the -i 'i sound here when a future is intended.)

G. Other Auxiliary Verbs, "the Modals"

Kyan, kooda, shooda, wooda, mighta, muss (mussi), haffi, and **fi** are still recognizable auxiliary verbs. Only **fi** (from the preposition "for"?), in the verbal sense of "should, must", or "it is necessary", can be seen as a "modal particle".

Yu fi go.	You should, must go.
Dem no fi heat.	They must not be eaten.
Fi plan' yam, yu fi dig one hill.	To plant yams, you must dig a hill.

These modal auxiliaries are used approximately as in English, except that several of them may be strung together:

32

Im shooda muss kyan get tru.	He must surely be able to succeed.

They precede the past and future tense particles:

Uno shooda en see im.	You-all should have seen her.
Dem mighta o go.	They may be going.

However, the reverse is true of **haffi** and **fi**:

Im en fi come.	He was supposed to come.
Mi en haffi feed i haag-dem.	I had to feed the hogs.
Yu wi haffi go, no kya wey yu say.	You will have to go, no matter what you say.

H. Notes on the Stable Verb Stems

Usually the present tense form of the standard English verb becomes the stable verb stem used in all tenses (e.g. **tink, say, bring, buy,** etc.). In a few cases the past tense of the English verb has become the patois form for all tenses:

Mi a lef.	I am leaving.
Im o lef yu behin'!	He will leave you behind.
Di pikny a bruk i flowa-dem.	The child is breaking the flowers.
If yu no min' sharp, dat deh plate o bruk.	If you don't watch out, that plate will break.
Don' laas i money! (from "lost")	Don't lose the money!
Im o laas i fine ook-dem.	She will lose the fine hooks.

There are also a few cases in which an English adjective has become a verb stem:

Full i bucket fi mi, no?	Fill the bucket for me, won't you?
Di puss a dead.	The puss is dying.

33

Sawasap a night awas wi sick yu.	(Drinking) soursop in the night hours will make you sick.
Min' i rum junk yu!	Mind the rum makes you drunk!

In a few cases a past participial form of the verb (e.g. **gaan, done**) has survived the crossing from English into Afro-Jamaican and can be used to express perfect tenses or the passive mood:

Dem gaan.	They have gone.
When wi reach, dem en gaan.	When we arrived, they had gone.
Satday come, dem o gaan already.	By next Saturday they will already have gone.
'I money gaan.	The money is gone.
Im done i wuk.	He has finished the work.
'I wuk done.	The work is finished.
When mi come, im en done i wuk.	When I came she had finished the work.
By tree o'clock i wuk en done.	By three o'clock the work was finished.
Di guava-dem a done.	The guavas are being used up.
Im bex say i shuga ena done too fas!	He was angry that the sugar was being used up too fast!
Im o done i wuk soon time.	Soon he will have finished the work.
'I wuk o soon done.	The work will soon be finished.

I. Multiple Verbs

Another African trait which survives in Afro-Jamaican speech is the stringing together of several verbs in a row, without the need to use infinitives or participial forms:

Kyai go bring come.	Carry go bring come, go fetch (used idiomatically of news-carrying or gossip).
shooda muss kyan fin'	should be able to find

gwaan go heat done	go on and finish eating
muss haffi done baal	must have finished crying
Im run gaan lef ar.	He has run away and left her.

J. Notes on Negation

The simple and pervasive use of **no** for negation in Afro-Jamaican may be a survival from the Spanish era in Jamaica (1492-1655): **Yo no se** (Spanish)/ "I don't know". The first Maroons, the freed slaves formerly belonging to the Spaniards, were the original core of Jamaica's African population and undoubtedly spoke an Afro-Spanish patois. English, with its inability to say "I not know", offers no comparably simple and uniform method of negation.

The O in **no** is usually altered or elided before another vowel:

Im naa dwi,	He is not doing it.
instead of **Im no a do i.**	
Im nen dwi,	He didn't do it.
instead of **Im no en do i.**	

In negative sentences, the final N of the past participle **nen** is elided before a vowel:

Im neh even see mi.	He didn't even see me.
never: **Im no en even see mi.**	
Wi neh heat none.	We didn't eat any.
never: **Wi no en heat none.**	

The above changes are the rule. Sometimes the changes are optional:

Im no av no dunza or	He doesn't have any money
Im naa no dunza.	(note the elision of the V).

Other methods of expressing negation are the use of **don'** and **neva**:

Mi neva tell im no lie!	I didn't tell him a lie!
Mi neva go deh all noh.	I still have not gone there.
Dem don' cook herly.	They don't cook early.

35

Goat don' nyam marigold.	Goats don't eat marigolds.

Note that Afro-Jamaican, like many African languages, uses double negatives commonly, sometimes even triple negatives: **im no waan gi nobody none.**

K. The Verb "To Be" (in a place)

"Am, is, are, was, were, will be, has been, etc." must be the most absurdly irregular, as well as the most frequently used, verb in the English language. Spanish, like many African languages, distinguishes between "to be" (in a place)/ **estar**, and "to be" (someone, something, or some quality)/ **ser.** Afro-Jamaican also handles these two types of being in two different says:

Weh im deh?	Where is he?
Shi deh eenai hohse.	She is in the house.
Dem deh deh,	They are there.
or more commonly	
Dem di deh.	
I' deh pon 'i table.	It is on the table.
Dem no deh ya,	They are not here.
or more commonly	
Dem no da ya.	
Im deh a tohn, or	He is in town.
Im daa tohn.	
Dem deh ohta sea, or	They are out at sea.
Dem dohta sea.	

The pronunciation changes which result in the very common variant forms **di deh** and **da ya** may be relics of ancient African patterns of vowel harmony, whereby the quality of a vowel is influenced by the succeeding vowel. In the other cases (**daa, dohta**) one vowel has simply been elided or swallowed up by the other. These vowel-harmonious and vowel-elided forms not only sound better, but they are easier on the tongue at the high-speed, oral-kinetic speech frequencies so prevalent in Jamaica.

The tense sequence of this "to be" (in a place) is regular:

Uno di deh.	You (pl.) are there.
Uno o di deh, or	You will be there.
Uno wi di deh.	
Uno en di deh, or	You were there.
Uno wen di deh.	
Uno enao di deh.	You were going to be there.
Uno no di deh.	You are not there.
Uno nao di deh, or	You will not be there, or
Uno naa go di deh.	You are not going to be there.
(But: **Uno no wi di deh?**)	(Won't you be there?)
Uno nen di deh	You were not there.
Uno nenao di deh.	You weren't going to be there.

The literal meaning of **im deh deh** or **im di deh** is "he there there", or better, "His thereness (is) there". This construction is almost identical to a Swahili construction:

Yuko kule.	He is there, literally,
(Im deh deh.)	He-there there.
Yupo hapa.	He is here, literally,
(Im deh ya.)	He-there here.

(**-ko,** Swahili indefinite "there";
-po, Swahili definite "there".)

This device is quite logical. Why should location be expressed verbally, since it is not an action? Adverbs are the words usually used for expressing location. The problem for the English-speaking student of African languages, including Afro-Jamaican patois, is not in understanding such constructions, for their meaning is clear. The problem is rather in translating one's own thoughts, which are full of endless forms of the verb "to be", into proper African usage, throwing away the crutch "to be".

Simply summed up, "to be" when referring to location is expressed in Afro-Jamaican patois by the word **deh,** the adverb "there". Note that when one wishes to say "he is there", one repeats the word **deh,** once for "is" and once for "there". This

37

indicates that the first **deh** is in fact functioning as a verb. Cassidy (*op.cit.*, p. 60) suggests an African origin for this verb. He points to a verb **de**, meaning "to be", "to be situated, to remain, to live, to rest", in the Twi language of Ghana.* But the Afro-Jamaican verb **deh** is still the adverb "there", in spite of its functioning as a verb. This is evidenced by the following usage: whenever another adverb of place modifies the second **deh** (the adverbial **deh**), the first **deh** (the verbal **deh**) can be omitted altogether. Thus:

Im deh deh or **Im di deh.**	He is there.
Im deh dung deh or	He is down there.
Im dung deh.	He (is) down there.
Dem deh ova deh so or	They are right over there.
Dem ova deh so.	They (are) right over there.

This is equally true of the expression **deh ya:**

Im deh ya or **Im da ya.**	He is here.
Im deh dung ya or	He is down here.
Im dung ya.	He (is) down here.

In other words, one cannot simply say **im deh** or **dem ya** as a full sentence. (For an exception, see over, "Slim and Becca".) A verb is needed, such as **See im deh** or **Dem da ya.** But add the extra adverb and, lo and behold, no verb is needed: **Im dung deh, dem ova ya.** Even more peculiar, if the verb "to be" in such cases is in the past or future tense, the verbal **deh** can still be dropped, leaving the tense particle without the verb:

Mi en deh dung deh or	I was down there.
Mi en dung deh.	I (was) down there.
Dem o deh dung ya or	They will be down here.
Dem o dung ya.	They (will be) down here.

Finally, note that **deh** is also used as a verb in certain other expressions not exactly referring to place, but meaning "to be" in the sense of "to exist":

Uno say no God no deh.	You-all say there is no God.
Me kyaan believe say no duppy no deh!	I can't believe that ghosts don't exist!
No money no deh fi buy i.	There is no money to buy it.

---

* Note that old Nubian, the language of Medieval Christian Nubia, had a verb **da/be**, exist, there is,are. Cassidy and LePage add Ewe: **de**/to be.

Deh is also used when the idea of location is figurative, not geographic:

Mi deh pon leave.	I am on vacation leave.
Yu deh pon haad wuk, eeh bwai?	You're really working hard, eh, boy?
Im deh pon mi all i while boht i money.	She is always after me about the money.

Finally, the most idiomatic use of deh is surely the terse

Slim an Becca deh?	Are Slim and Becca lovers?
Sista B. and Bredda D. no deh again.	Sister B. and Brother D. have "broken up".

Note that among the modernizing the locative use of deh is giving way to its omission:

It eenai box.	It (is) in the box.
It wey eenai box.	It was in the box.

L. The Verb "To Be" (as a state of being – not referring to place)

When the verb "to be" connects the subject with a noun or pronoun, it is expressed by the verb **a**:

Bunny a di leada.	Bunny is the leader.
Mary a one faama.	Mary is a farmer.
Yu a one a dem.	You are one of them.
Dat a fi mi.	That is mine.

This verb **a** must be distinguished from four other separate words in Afro-Jamaican, all of which are expressed by the same sound **a**:

A Joe a di one who a 'tan up a gate wid a daag?	Is Joe the one who is standing up at the gate with a dog?

39

This cumbersome sentence contains the five different words **a**:

1.	Interrogative word **A** (see V, B):	**A Joe?**
2.	The verb **a** = "to be":	**Joe a di one**
3.	The tense particle **a** = "-ing": (See VII, A):	**who a tan up**
4.	The preposition **a** = "at, in, to", (See IV, A.):	**tan up a gate**
5.	The indefinite article **a**:	**wid a daag.**

One would expect the past tense of the verb **a** to be **en a** = "was", but we find the past tense of the verb **a** is usually inverted, becoming **a en**, negative **nen** (from **no a en**):

Mi daddy a en tayla.	My daddy was a tailor.
Di lan a en fi ar.	The land was hers.
Mi nen no tief.	I was not a thief.
Di coh nen fi mi.	The cow wasn't mine.

Note that when the verb "to be" connects the subject with an adjective, the verb **a** is not used; no verb is necessary, it is implied:

Di time col'.	The weather is cold.
Di food no nuf.	There is not much food.
'I gyal tief!	The girl is given to stealing.
Dem no so bad.	They are not so bad.

Just as the verb "to be"/ **a** is omitted in the present tense before an adjective, in the past tense the **a** is omitted, leaving only the tense particle **en**.*

Im en maga.	He was thin.
Di time en hot.	The weather was hot.

In the future tense the same thing happens:*

Di time ao hot.	The weather will be hot.
Yu o maga.	You will be thin.

---

* In these two instances we seem to have an example of tense particles revealing their true origins as auxiliary verbs. They seem to function as past and future tenses of the verb "to be", thus making the actual verb **a** unnecessary ...

In the past negative tense the verb is just **nen**.

Dem nen so bad.	They were not so bad.
Di food nen nuf.	The food was not enough.
Docta nen plentiful.	Doctors were not plentiful.

Nowadays this past negative **nen** is often replaced by the adverb **neva** (see the Reading Section, first page, where the two forms are used one after the other):

Docta nen plentiful ... docta neva plentiful.

Another very common use of the verb **a** is to replace the English expletive "it is" (subject understood):

A summatime noh.	It is summertime now.
A yu!	It's you!
A no wi dem a talk.	It is not us to whom they are talking.
A African English!	It's African English!
A no deh so mi put i, a ya so!	That's not where I put it, it's right here! (It's not there that I put it, but right here!)

Another idiomatic and probably African use of the verb **a** is the following, which is related to the above usage:

A run dem a run.	They are running (emphatic).
A no joke dem a joke.	They are not joking.
A happy mi happy mek mi a gwaan so.	It is because I am happy that I am going on so.
A bad man yu a bad man eena'i place?	So you are a bad man in this place?

Sometimes this verb just seems to seek out the beginning of a sentence, producing a distinctly non-English word order:

A one wicked man dat.	That is a wicked man.
A no fu uno dem ya.	These are not yours.
A en fi im hohse, i likl wakl an daab.	The little wattle and daub house was his.
A did fi im hohse.	It was his house.

41

These same sentences could all be expressed without putting the **a** at the beginning:

> **Dat a one wicked man.**
> **Dem ya a no fu uno.**
> **'I likl wakl an daab hohse a en fi im.**
> **'I likl wakl an daab hohse did fi im.**

Other examples of the use of verbal **a**:

A good mek im tengle up.	Serves him right to get tangled up.
A mad uno mad?	Have you all gone mad?
A love I love yu gaan to bed.	I love you more than words can say.
A bex im bex wid har?	Is he really angry with her?
A im foot im lick up.	It was his foot he hit.
A dung deh so it en deh.	It was right down there.
A en Jaaj mi gi i sinting.	It was George to whom I gave the something.
A no dat man mi a talk.	I am not talking about that man.
A no say, well den, mi en waan dwi.	It is not as if I wanted to do it, after all.

42

Practice Sentences Using Afro-Jamaican Grammar

I. Verbal constructions using "deh" in various forms

Weh im deh?	Where is he (she, it)?
Im daa yard.	He is in the yard.
A ya so dem deh?	Are they right here?
Dem deh pon i dressa.	They are on the dresser.
Weh i gyal dem deh?	Where are the girls?
Uno no daa Robin Bay again?	You-all aren't living at Robin's Bay any more?
Dem deh ohta sea. Dem dohta sea.	They are out at sea.
Mi deh pon has'e.	I am in haste, in a hurry.
Weh yu en deh?	Where were you?
Im no di deh?	Isn't he there?
Uno nen di deh wa day?	Weren't you-all there the other day?
Smadi da ya, ya!	Somebody is here, (do you) hear?
Sittin da ya fi nyam.	There is something here to eat.
Ina dem deh time im nen da ya.	In those times she wasn't here.
No money no deh.	There's no money.

A hiry music deh pon i radio!	There is great music on the radio!
A no een deh im deh.	He's not in there.
Mi deh mongs dem fi one year.	I lived with them for one year.

II.   Sentences using verbal tense particles

A wa yu a say? A wa yaa say?	What are you saying?
Wa im en tell uno say?	What did he tell you (pl)?
Mi nen nuo say dem enao come.	I didn't know they were going to come.
Mi pupa a en maga bad.	My papa was very thin.
Im nen fat. Im neva fat.	He wasn't fat.
Wi a gaa a tung.	We are going to town.
Dis ya coco kyaan heat, i' spring.	This coco can't be eaten, it has sprung.
Di cucumba dem o fit eenai moon.	The cucumbers will be full- grown by the full moon.
Wa mek i baby dus a galang so?	Why is the baby behaving like that?
A maanin mi a go tell shi say wi tru.	In the morning I'm going to tell her that we're through.
Im ao come een like im muma.	She is going to be like her mother.
Fayva like i day ao change.	It looks like the weather is going to change.

44

Mi nenao see dem an no buy dem!	I wasn't going to see them and not buy them!
If di daag-dem nen fu uno, im wooda en shoot dem.	If the dogs weren't yours, he would have shot them.
Wa mek yu enao dwi (do i')?	Why were you going to do it?
Dem heat done an gaan dem way.	They finished eating and have gone their way.
A who en dwi? A en Pressafoot?	Who did it? Was it Pressafoot?
Dem en gaan, an mi neh heeven see dem.	They were gone, and I never even saw them.
Uno fi tek i paki dem mek cup.	You should take the cala- bashes and make cups.
A no lie mi a lie!	I ain't lying!
Im too iez-haad, mi a tell yu, bredda!	She is too stubborn (hard- ears), I'm telling you, brother!
Im en say mi fi gi im fi im sinting dem.	He said I should give him his things.
Den yu no muss waan some ai tea?	You must want some of the tea, don't you?

III. Sentences using the verb "a" or interrogative "a"

Wi neva ya a wa im ena say.	We never heard what he was saying.
A wa uno a say?	What are you saying?
A no een ya dem deh.	They are not in here.

45

A shi roas' i yam?	Was it she who roasted the yam?
A no joke, ya sah!	It is not a joke, hear, sir!
No bada wid i, yu tink me a one idiot?	Don't bother with it, do you think I am an idiot?
Di pikny-dem a no fi wi.	The children are not ours.
Dat deh a fi uno.	That one is yours.
A wa? A di police?	What is it? Is it the police?
A hit im fi drink, ya!	It is what he must drink, do you hear?

IV. Other idioms

A wa do yu?	What's wrong with you?
Wa mek yu so donkya?	Why are you so careless (don't care)?
Wa do ar, mek ar a cut ar yai so?	What's wrong with her, making her "cut her eyes" like that?
Mi sleep a door a night time.	I sleep out of doors at night.
Mi sleep ai door.	I sleep at the door.
No bada fas' wid mi!	Don't meddle with me!
So-so crosses deh pon mi from maanin.	I have had nothing but problems since morning.
Wat a crosses! See fi mi dying trial ya!	What a bad situation! See my dying trial here!
Come een like yu waan rule mi.	It seems like you want to rule me.

46

Di gyal dis clot i haas eena im headside so, baps!	The girl just hit the horse in the side of his head like this, baps!
Rain hoht fi djew.	A little rain is about to fall.
Mi love mi cris' bike gaan to bed!	I love my brand-new bike more than I can tell you! I adore my brand-new bike!
Mek wi go, im too gravalicious.	Let's go, he is too greedy.
Ku hoh i place stay chaka-chaka so!	Look how the place is a mess!
Doan come sheg rohn mi wid yu rank fish an' dem!	Don't come fool around me with your raw-smelling fishy hands!
Fayva like im sick wid heetch, im full a fassy.	Looks like he is sick with the itch; he is full of little sores.
Shet uno moht, a so-so su-su uno ya!	Shut up, it is only (so-so) gossip (su-su) you hear!
Yu waan some? No muss?	Do you want some? Of course!
Ku deh! No Sta B dat een im stoshus big-eel boot?	Look there! Isn't that Sister B in her classy high-heel shoes?
Ku ya! Hoh yu fayva buguyaga to ras!	Look here! You look like a damn tramp!
Tan teady, mi soon come!	Hold still, I am coming!
Mek i tan till a maanin, no bada hackle yuself.	Let it wait till morning, don't worry yourself.

Yu tan deh a crab up yuself, sittin o do yu!	If you keep on scratching yourself, something is going to happen to you!
Ya I nung!	Hear me now!
Ongle one dege dege piece dem gi mi!	They gave me only one skimpy little piece!
A so uno heat off i dahl, floops! an no braata no de?	Is that how you all gobble off the split peas, and there is none left for seconds?
A-oh! If a so i go, jus as cheap mi fin' mi yaad!	Oho! If this is what is happening, I might as well go home!
Wa mek uno craven so? Yu no see say a so-so bammy mi haffi a heat?	Why are you all so greedy? Don't you see I have to be eating only bammy?
If yu a deestant smadi, mi wi gi yu a cotch.	If you are a decent person, you can stay here a little while.
Awas beat, mi kyaan bada go fii goat again.	When the hours get late, I can't bother to go for the goats again.
Mi nao see dem till all Satday.	I won't see them till maybe as late as Saturday.
Im gooda all tief dem.	He may even have stolen them.
A all ten o'clock before dem come.	They won't come before ten o'clock.
Min' i jackfruit wuk yu belly! or Min' i jackfruit wuk yu!	Mind the jackfruit gives you the runs!

Nyam too much rundung, yu get run-belly.

Eat too much rundown (food cooked in coconut juice), you will get the runs.

Long time we no mek four-yai.

We haven't see each other for a long time, i.e., our four eyes haven't met.

Shi an teacha a pints.

She and teacher are "points", i.e., they are very chummy.

'Top 'kin puppalick pon i bed!

Stop turning somersaults on the bed!

No kya hoh im try, im kyaan get tru.

No matter how he tries, he can't succeed.

A Brief Vocabulary -
Collect Your Own!

Note that all references to Cassidy below are to Frederic G. Cassidy, *Jamaica Talk, 300 Years of the English Language in Jamaica* (a publication of the Institute of Jamaica, London, 1961, reissued as a paperback in 1982). "Cassidy and LePage" refers to F.G. Cassidy and R.B. LePage, *Dictionary of Jamaican English*, 2nd edition (Cambridge University Press, 1980). This is the most extensive available collection of etymological information about Jamaican words. References to Mittelsdorf are to her Ph.D. thesis, *African Retentions in Jamaican Creole: A Reassessment*, (Northwestern University, 1978), available at the University of the West Indies Library.

an, dan	than.
bakra	white slavemaster, or member of the ruling class in colonial days. Popular etymology: "back raw" (which he bestowed with a whip). According to Cassidy & LePage, there is a word, **mbaraka**, meaning "white man, he who surrounds or governs" in the Ibo and Efik languages of Nigeria. They note that it was also used in the Gullah dialect in the U.S. According to Mittelsdorf (p. 40) **bakra** may stem from the Bantu Duala language of the Cameroons, **mbakara**.
bafan	clumsy; awkward. Cassidy & LePage suggest Twi: **bafang**/"a child who did not learn to walk the first 2-7 years".
baggy	underpants for a woman or child.
bammy	a pancake made out of cassava, after it has been grated and squeezed to remove the bitter juice.
bandulu	a **bandulu bizness** is a racket, a swindle.

50

bangarang	hubbub, uproar, disorder, disturbance. Cassidy & LePage suggest Portuguese: **banguele**/riot, disorder, but this could equally well be of African origin.
bankra	a big basket, including the type which hangs over the sides of a donkey. Cassidy & LePage give Twi: **bongkara**; Fante: **bangkrang**.
bans	from bands; a whole lot, a great deal, **nuff, whole heap**.
bat	butterfly or moth. English bat, the flying rodent, is a **rat-bat**.
bex	vex, verb, or vexed, adjective.
bissy	cola nut. Cassidy & LePage give Twi: **bisé**, Ewe: **bisí**.
bobo, or bubu	fool. Cassidy & LePage give Spanish **bobo**/dunce, fool.
batty	bottom; backside; anus.
braa	from **bredda**; brother.
braata	a little extra, like the 13th cookie in a baker's dozen; or an extra helping of food. In musical shows it has come to be the encore.
bufu-bufu	fat, swollen, blubbery; too big; clumsy or lumbering. Cassidy & LePage give Ewe: **bofaa**/broad and thick; Twi: **bofoo**/swollen.
buguyaga	a sloppy, dirty person, like a bum or tramp. Cassidy & LePage give Ewe: **yaka**/disorderly, untidy; Hausa: **buguzunzumi**/a big fat, untidy person.
bulla	a common sugar and flour cookie or small round cake, sold everywhere in Jamaica. Cassidy & LePage give American Spanish: **bollo**/bread, roll.

bumbo bottom; backside. A common curse word, especially in combination with **clot** (cloth), a reference to the days before toilet paper. Cassidy & LePage give American Spanish: **bombo**/ buttocks.

bunks to knock or bump against, from 'to bounce", **bunks mi res**, catch my rest, take a nap.

cerace a ubiquitous vine used for boiling medicinal tea, and for bathing. It is proverbial for its bitterness.

chaka-chaka messy, disorderly, untidy. (From Twi.)

cheap **just as cheap**, just as well.

chillum clay pipe used for smoking ganja by Rastafarians, et al. Cassidy (p. 207) traces it to Hindustani **chilam**, the part of the hookah that contains the burning tobacco. He traces the word **ganja** to the same language.

chimmy chamber pot.

cho! very common, mild explanation expressing impatience, vexation or disappointment. Cassidy & LePage give Ewe: **tsoo!**

clot 1. cloth, an essential part of most Jamaican bad words, such as **bumbo clot, rass clot, blood clot**, etc. The essence of Jamaican cursing seems to be nastiness, rather than the blasphemy or sexuality which is characteristic of the metropolitan countries.

2. to hit or strike - from the verb 'to clout'.

coco A potato-like edible root, known elsewhere as the taro or the eddo. It was brought to Jamaica from the South Pacific. This is completely distinct from cocoa, usually called **chocolate**. Cassidy & LePage mention Hawaiian: **kokote**, and state that Twi: **kosko**, Fanti: **koko**, reached West Africa from Jamaica.

come een like to seem as if; to resemble.

coolie the traditional Jamaican epithet for East Indians. It is never used for Chinese Jamaicans. Usually in the form **coolie-man** or **coolie-oman**. It is not considered polite today anymore than the term **nega**, but it is still used widely in rural areas. Note that in India, the Kols or Kullis, are Austrics or Blacks. Cf. Proto-Nilotic root **kol/black**.

cotch verb (**cotch up**), to support something else, as with a forked stick; to balance something or place it temporarily; **to beg someone a cotch**, can be a place on a crowded bus seat or bench; or it may mean to cotch a while, to stay somewhere temporarily.

cotta or **kata** a roll of cloth or vegetation placed on top of the head to cushion the skull from the weight of a head load. Mittelsdorf (p. 40) suggests the original is the Bantu word **nkata** found with similar meaning in Kongo, Luba, Chokwe et al. Cassidy & LePage suggest Kongo: **nkata/headpad**.

crab aside from its usual meaning, it is a verb meaning to scratch or to claw.

craven greedy.

cris' crisp; popularly used for anything brand-new, slick-looking.

crosses problems, vexations, trials; bad luck, misfortunes.

cubbitch covetous.

cuss-cuss a quarrel or fracas, with lots of cursing.

cutchie	pipe for communal smoking.
cut yai	to cut your eye at somebody is a very common means of expressing scorn or contempt. Cassidy describes it perfectly (p. 133): one catches the other person's eye, then deliberately turns away one's own eyes as an insult.
daal	split peas, usually a thick soup, from Indian cuisine, from Hindi.
dally	to ride a bicycle or motorbike with a weaving motion, as when one weaves around potholes.
dasheen	a big soft yam-like root, often slightly greyish when cooked. It is related to the coco, but one eats the "head" instead of the tubers.
deestant	decent.
dege, or **dege-dege**	adjective, little, skimpy, measly, only, as in **two dege-dege banana.** Ewe: **deka**/single, solitary, alone (Cassidy & LePage). Cf. Swahili: **dogo**/small, little, one of a widespread set of Bantu words for "little": **teke, deku, diki, tikitiki,** etc.
djew, juu	as a verb, **rain a djew**; as a noun, **dew rain.** It means a light rain or drizzle.
dinki	a kind of traditional dance at funerals or "nine nights" ("set-ups"); now popular among school children. Mittelsdorf (p. 40) suggests that it comes from the Bantu Kikongo language, a funeral dance called **ndingi.**
donkya	from "don't care"; careless, sloppy, lacking ambition, etc.
a door	outdoors.
duck-ants	white ants, or termites. They build large nests in trees or in buildings, if given the chance.

dukunu	sweet corn-meal dumplings boiled in wrapped leaves. Twi: **o-dokono**/boiled maize bread (Cassidy & LePage).
dundus or **doondoos**	an albino. Mittelsdorf (p. 40) suggests Kikongo **ndundu**.
duppy	ghost, spirit. From Bube, a Bantu language of the island of Fernando Po: **dupe**/ghost (Cassidy & LePage).
dutchy	dutch cooking pot, low round-bottomed heavy pot.
fas'	to be fast with, meaning to be rude, impertinent, to meddle with somebody's business, to be forward, etc.
fassy	eczema-like scratchy sores on the skin; also a verb, meaning to cause oneself to be covered with fassy by scratching.
fayva	to favour, resemble, or look like; **fayva like** also means "it seems as if".
fenky-fenky	(from finicky) choosy, proud, stuck-up.
fiesty	impudent, rude, out of order, cheeky.
fit	when used of fruits and vegetables, it means ready to pick, full grown, though not necessarily fully ripe.
gaan to bed	an adverbial phrase; following a verb of liking or loving, it has a superlative meaning. Can be used in any context, such as I **love hafu yam gaan to bed!**
gig	spinning top.
gravalicious	greedy, avaricious.
hackle	to hassle, bother, worry, trouble. As a noun, hackling.

heetch	itch. Many such words could be listed under H, as initial H is added to scores of words at will. However, I have listed most such words under their initial vowel.
iez, hiez	ear(s); **iez-haad** (ears-hard), thick-skulled, stubborn, unwilling or unable to hear.
ignorant	short-tempered, easy to vex, irate.
Iry	adjective, describing anything positive, good, nice, etc. Often used as greeting for tourists by the pseudo-dread, "Groovy!" (Etymology? Me-rry?)
Ital	pure, without pollution, natural; without salt. From vital?
jackass rope	homegrown tobacco, twisted into a rope.
janga	shrimp, crayfish. Also in Spanish: **jonga**, and in Cameroon pidgin from Bantu Doulla-Bakweri **njanga** (Cassidy & LePage).
jelly	a young coconut, full of jelly.
jook	to pierce or stick, as with a thorn or a long pointed stick. Cassidy (p. 133) suggests that it derives from Fulani **jukka**, meaning to poke or knock down, as a fruit. Also in Cameroon pidgin: **chuk**/injection, **chuk-am**/pierce, prick (Cassidy & LePage).
judgin'	adjective, everyday or ordinary clothes or shoes worn in the yard or in the bush, as in **judgin boot**. Also as a verb, to **judge**, with a similar meaning.
kallaloo	a dark, green leafy vegetable, very nutritious and cheap.
kemps	a little bit, a tiny piece, from skimps.
kiss mi neck!	common exclamation of surprise.

56

kiss teet	to kiss one's teeth or to suck one's teeth is to make the very common hissing noise of disapproval, dislike, vexation or disappointment.
kreng-kreng	an old-fashioned meat rack, hung up high over the fire to catch the smoke. Cassidy & LePage suggest Twi: **kyerengkye**/basket.
ku	verb, look! **ku ya!** - look here! **ku deh!** - look there! **ku pan** - look at.
kya	1. to care; **donkya**, "dont' care", careless; **no kya** means "no matter", as in **no kya weh im tun**, "no matter where he turns". 2. to carry.
kyai	to carry.
kyan	can.
kyaan	can't.
laba-laba	to chat, gab; gossip. Cassidy & LePage trace it to Old English dialect, lout. Cf: Daju languages of S.W. Sudan: **lib** or **lebe**/to say, talk, tell.
labrish	gossip, chit-chat.
leggo beas'	wild, disorderly, like a let-go beast.
licky-licky	fawning, flattering, obsequious.
lilly bit	little bit, tiny.
maca	thorn, prickle.
maga	(from meagre) thin, slender.
marina	a man's undershirt, guernsey; a tank-top style.
monks	amongst.

nana	midwife; nanny, or nurse. Cassidy (p. 166) derives this from the Twi language of Ghana, where **nana** is a grandparent, of either sex.
nyam	to eat. Cassidy & LePage give Fulani: **nyama, nyamgo**/to eat; Wolof: **nyam, nyamnyam**/to eat; Hausa: **nyamnyam**/cannibal. Compare Nilo-Saharan languages: Kaliko (C. Sudanic): **nya**/he eats; Tabi (E. Sudanic): **nam**/he eats.
nying'i-nying'i	(-ING as in "sing"), nagging, whining.
obeah	traditional African "science", relating to matters of the spirit and spirits, spells, divination, omens, extra-sensory knowledge, etc. From Twi: **obayi-fo**/obeah-man, sorcery-man (**fo**/man) (Cassidy & LePage).
oht fi	about to, on the verge of, as in **it hoht fi rain**, it is about to rain, it looks like rain.
one-one	adjective, one by one, thus any small amount.
ongle	only.
paki	calabash, gourd. Cassidy (p. 84) derives it from Twi/Akan **apakyi/e**.
papaa	pawpaw, or papaya melon.
patu	owl, from Twi language of Ghana, **patu**.
pawn	verb, to take up, pick up, or carry, as in Im **pawn im hoe an gaan.**
peel-head	bald-headed, usually certain chickens or vultures.
peer	avocado pear.
peenywally	a kind of large fire fly, actually a type of flying beetle.
pyu	(from spew); verb used of running sores or anything similarly dripping or oozing.

picky-picky	1. finicky or choosy. 2. Used of uncombed hair just starting to turn into dreadlocks.
pikny	pickaninny, child. Cassidy & LePage trace it to Portuguese **pequenino** which is found in creoles of Sierra Leone, Cameroon, etc.
pinda	peanut. From Kikongo, etc. **mpinda** (Mittelsdorf).
pira	a low wooden stool. Is this from Hindi? Cf. Assamese **pira**/bench, seat, stool. Cassidy & LePage have no listing of this word.
pity-me-likl	a type of very tiny red ant whose bite is so hot and long-lasting it resembles a sting.
poppy-show	(from puppet show) it is used in the idiom, **tek smadi mek poppy-show**, which means to make fun of someone or shame them, making them look ridiculous.
puppalick	somersault. From "Father spanked the upturned backside" (Cassidy & LePage).
puttin' away	a preposition, meaning "except for", or "except".
pyaa-pyaa	sickly, weak; feeble, of no account. Some trace it to Amerindian (Galibi, Tupi-Guarani) languages of Guyana: **piá, pián**/sickly.
quips	1. noun, (from squips) a tiny piece or amount. 2. verb, the Jamaican art of washing clothes making a "squips-squips" sound.
ras or **rass**	backside, rump; a common curse is **to rass!** or **rass clot!**
Ras	a title used by Rastafarians, from Amharic, meaning "lord" or "head".

rat-bat	the night-flying rodent known elsewhere as a bat.
raatid! or **raatid**	a common mild expletive of surprise or vexation, as in **to raatid!** Although popular etymology often derives this word from the Biblical "wrath", pronounced **raat,** it is more likely a polite permutation of **ras,** a la "gosh" or "heck" ...
renk	1. foul-smelling, raw-smelling. 2. out of order, impudent, as in a rank-imposter: **Yu too renk!**
royal or **ryal**	(the latter spelling is just the Jamaican pronunciation of royal) noun, a mixed breed person, as in **Coolie royal,** half Indian, half African; or **Chinee royal,** half Chinese, half African; just a plain royal seems to be a mix of black and white. Also used as an adjective with similar meaning. I can think of no comparable English use of the term royal except in the world of ice cream - chocolate royal, butterscotch royal, etc. As fancy ice creams only reached Jamaica in the 1970's, the usage is unlikely to have been derived in this way! But any Rastafarian will explain proudly that H.I.M. Haile Selassie I is a **royal,** a Black of mixed blood, as is, in some sense, the whole Amharic nation. In this case the mixing goes back to King Solomon and the Queen of Sheba ...
roti	flat Indian pan breads. Hindi: **roti**/bread (Cassidy & LePage).
run-dung	food cooked in coconut juice, obtained after grating the dry coconut meat and squeezing it in water, thus extracting the coconut cream.
salt	adjective, broke, empty-handed, low on funds or food, as in **tings salt** or **i' salt.**

sal'ting	1. dishes cooked with saltfish or meat. 2. that part of the meal which is served with the "food" (starchy food, ground food). It may be a little meat or fish, vegetable, sauce, **rundung**, anything to wash down the starchy "food". 3. by some strange extension **sal'ting** also refers to the female organ, often simply called **sal**. Perhaps this relates to the distinctly phallic shape of so much of the "foodkind" (plantains, bananas, yams, cocos, etc.), the male counterpart of the female sauce - the **sal'ting**. Could this be a survival of an ancient African word ancestral to Sumerian, **sal**, meaning "pudendum"? Or could it be a survival of the Sumero-gram **SAL** (in the unmistakable form of a triangle with a vertical slit) which was used for thousands of years as a logogram for "woman" in many unrelated languages of the ancient world? The prime agent for the spread of this word/symbol was Akkadian, the language of international trade and diplomacy, also used by the Egyptian foreign office. Of course one would have to find West African occurrences! Cf: Somali **sil**/female organ.
sambo	the colour between brown and black; someone who is a cross between a mulatto (brown) and a black.
samfai man	trickster, conman. Twi: **asumangfa**/magician? (Cassidy & LePage).
sata	a verb, from Amharic? in Rasta patois it means "to rejoice, to meditate, to give thanks and praise."
screw	verb, to frown, as in **screw-face**.
shag	home-cured tobacco, straight from the field.
sheg (up)	verb, to bother, as in **don' sheg rohn mi;** or **all sheg up,** all hot and bothered, or spoiled up (as of work).

shoob	to shove.
sinkl-bible	the aloe vera plant. From **sempervive**, its Latin name (Cassidy & LePage).
sinting	something.
sipple	slippery; slimy.
sittin'	something.
skil	kiln, as in **limeskil.**
slabba-slabba	big and fat, slobby, droopy.
smadi	somebody.
so-so	only, solely, unaccompanied, as in **eat so-so dry bread**; pure, undiluted, as in **so-so foolynish**, pure foolishness. Cassidy (p. 396) suggests a derivation from Yoruba **sho-sho**/only. Also African pidgins from Portuguese: **so**/alone, sole, only.
spring	to sprout, as of yams or cocos, making them inedible.
stoosh	upper class, high tone, **hitey-titey.**
stoshus	upper class, high tone, **hitey-titey.**
su-su	gossip, the sound of whispering. Possibly from Twi: **asutu**/whispering, or **susuw ka**/to utter a suspicion; Ewe (Gu dialect): **su**/to relate, tell (Cassidy & LePage).
takari or **tankari**	stewed spicy pumpkin, from the Indian cuisine. From Hindi: **tarkar**/vegetables.
talawa	handsome, good, fine, superior.
'tan'	to stand; usually used in the sense of "to be". **A so im tan**, "that is what he is like"; **tan deh!** or **yu tan deh!** means "just you wait!" **Tan tedy,** stand steady, means "hold still".

tarra-warra	a polite way of expressing omitted bad words, a verbal asterisk.
tatu	a little thatched hut, often made of bamboo.
toto	coconut cake. Spanish: **torta**/round cake? Fante: **totoe**/roasted.
trace	to curse or speak abusively to someone.
tumpa	(from stump) as in **tumpa-foot man,** a one-foot man.
tunti	female organ. Can this relate to Kissi: **tumta**/backside, buttocks; Songhay: **tunde**/ditto?
uno, or **unu**	you-all, 2nd pers. pl. pron., from Ibo (Cassidy p. 54). Cf: Nilo-Saharan languages: Midob (Nubian family): **unu**/you and ye; Anuak (Nilotic): **uuni**/ye (pl.).
wa day	adverbial phrase, the other day.
wakl	wattle, a kind of woven bamboo work used to make house walls, etc. When covered with mud it is called **wakl n daub.**
wa mek?	why? This is a direct West Africanism, according to Cassidy, who gives an Ibo example (p. 226).
wanga-gut	hungry-belly.
warra-warra	same as **tarra-warra,** politely omitted bad words.
winjy	thin and sickly looking.
wis	vine, liana, from withe.
wood, or **hood**	penis.
ya	hear, or here.

yabba a big clay pot. Cassidy (p. 85) suggests this derives from Twi **ayawa**/earthen vessel.

yai eye.

zungu pan zinc pan.

The Question of Phonetic Spelling
(Part II)

The problem restated (see Part I)

The problem does not lie in the phonetic spelling of peculiarly Jamaican words or pronunciation. These can be spelled fairly easily with simple non-technical spellings ... The problem lies in the spelling of standard English words which are pronounced approximately the same way in Afro-Jamaican as in standard. If such words are spelled in their standard form, the effect is a glaring (and sometimes confusing) contrast between the phonic values used to spell the Jamaican words and those of the English words, with their often absurd, archaic spellings.

Our motive in working to resolve this problem should be deeper than simply the creation of an acceptable standardized method of writing the Afro-Jamaican speech. Underlying this problem is a deeper problem which we must confront at some point: the problem of the mono-lingual Afro-Jamaican-speaking primary-school child who is expected to learn to read and write in a language which he does not speak, a language which also happens to be grossly non-phonetic. I am reproducing here my only surviving version of a somewhat shorter letter I once wrote to a Jamaican call-in programme. It was read over the air some years ago on JBC's "The Public Eye":

August 16, 1979

To Doctor Aggrey Brown and Miss Louise Bennett:

I heard your discussion on Thursday last about teaching English in Jamaica as a foreign language. I agree completely, but I feel there is an enormous amount of work and money that will be involved in achieving this on a national scale.

In the first place we should consider that we start off in Grade 1 doing an absurd and self-defeating thing: we try to teach a very young child to read in a foreign language, a language which he does not speak! How do any of them ever learn? (Of course I am referring to children from mono-lingual patois-speaking homes.) And that foreign language, standard English, is one of the most crazy mixed up languages in the world!

Perhaps we should follow some of the African countries and put off teaching the metropolitan language till about Grade 3. Let them learn to read in their own language that they speak and think in, so that they can concentrate on pure reading skill, learning to associate letters and sounds in a consistent phonetic language.

Then at Grade 3 we start to break the bad news to them about what standard English really is – a complete mess. Don't fight it, just memorize it! If you keep asking why, you will have a nervous breakdown. There are no good reasons why. It just is the way it is. As we say in JA, **A so it stay!**

But such a plan would demand that we have a standardized method of spelling patois, instead of the present situation where each poet or writer makes up his own system. This is no easy task, though Beryl Bailey has made a good start in *Jamaican Creole*. But there are many ticklish problems involved in how far to phoneticize it versus how far to use simple standard English spellings, all the while trying to avoid the creation of confusing new contradictions. Who is going to do all this so that we can mass-produce primers?

Next, teaching English as a foreign language starting in Grade 3. This is much easier said than done. It goes way beyond the problems of teachers' negative attitudes toward patois. Even if all teachers had the most liberated progressive attitudes towards our national speech, they would still need teachers' manuals spelling it all out for them, planning the lessons, etc. We would need our own bilingual texts specifically written for the Jamaican language situation. It will have to be as thorough, as massive, as total a course as any course in French or Spanish, with drills on grammar, word order, vocabulary, pronunciation, charts of verb tenses, pronominal cases, idiomatic usage, etc.

I never learned French just by absorbing it, though I started in Grade 5. Repeating after teacher or reading French stories is not enough. I had to become conscious of grammar, which is a fairly unconscious thing, even in most adults. Your own grammar is unconscious, but you have to become conscious of it in order to learn a foreign language. I had to first become aware of how I was making verb tenses in English in order to learn how to do it in French. I had to discover my own patterns or rules of word order in order to learn theirs.

For all these reasons we need texts which give thorough and explicit explanation of the grammar of both Afro-Jamaican patois and standard English, side by side. At present most students from monolingual patois-speaking homes learn what standard English they do by absorption, rather than by any conscious understanding. This can carry them only so far, and the problem really shows up when it comes to composition, when they are supposed to write their own thing. The child is caught between imitating standard English phrases he has imperfectly absorbed or trying to write his own thoughts. The result is full of "errors", unconscious patois grammatical constructs veiled under English words. Forget about **fraidie-fraidie**! Vocabulary is the least of our problems! It is the unconscious stuff, the word order and grammar, the idioms, that are the most deeply ingrained in thought patterns – this is what is giving the worries. This is why so many high school kids can't write English.

Who is going to write and finance these bilingual texts? Who is going to retrain all the teachers to use them? We have lost too much time already. Perhaps in the short run someone could come up with a writing handbook for high schools, focusing on the areas of greatest grammatical difference. Examples would be the use of the verb "to be", verb tenses, irregular verbs, and word order.

In 1972 I made a little primer with magic markers. It featured one language on one side of the page in big blue letters and the other language on the opposite page in big red letters. A friend used it with supposedly retarded kids in Highgate. They teamed up in pairs to read the different colour phrases. They loved it. I never tried to publish this book because I figured that as an immigrant, this wasn't my calling, and somebody else must surely be doing it.

Now it is 1979 and we are still talking superficially about the whole thing; most of your callers just repeated the idea that of course we should not look down on patois, we should use it, etc. But if we are serious, the task is massive. Perhaps this is why it is 1979 and we are still just toying with the idea. We cannot come to terms with the enormity of the task ...

In the past perhaps such efforts have never gotten off the ground because people secretly believed that with rising standards of living, outward migration, improved education, etc., patois would die out. Maybe now that standards of living are falling, the reverse is happening. Maybe now the Rasta and reggae music is spreading patois to the youth of the English-speaking world.

Maybe, after all, our speech is superior to standard English. Why should our children memorize cluttered forms of archaic language when they have pure and clear 21st century forms of African English in their own heads? Why call it patois? It is African English. Africa needs it too!

Jamaican self-hate, self-denial, anyone's self-hate, self-denial, no good comes out of it to anyone. Hordes of almost illiterate youth who have finished standard 8 are our witness. We have no choice but to get it together. The problem is as real as the economic one ...

Guidance, One Love, etc."

If this letter sounded reasonable in 1979, today it looks like one more shattered dream. The financial crisis, the tottering economy and cutback of government funds are leading to a continual deterioration in the school system. We cannot even keep up the same old system, let alone revolutionize it! But we can still dream and lay foundations for a future new day somewhere at the end of the tunnel.

As I have stated already, the system used for spelling Afro-Jamaican in the text of this book (and in the **A version** of the reading selection) is imperfect and incomplete. It is neither here nor there, a jumbled mixture of phonetic and standard spellings. The **B version** represents a real phonetic system, a simple and non-technical system, first published by Cassidy in 1961 (*Jamaica Talk*, p. 433).

Description of the B Version Phonetic System

1. It eliminates silent letters.
2. It eliminates double consonants (TT, LL, SS, etc.).
3. It eliminates the consonants C (K or S), soft G (J), Q (K), and X (KS).
4. It eliminates the system of silent E as a determinant of vowel quality (fin, fine; man, mane).
5. It uses a simple system of ten vowel symbols: A, AA, E, EE, I, II, O, OO, U, UU.
6. It eliminates all false or non-phonetic diphthongs, using only true or phonetic diphthongs.

I have taken the liberty of making three changes in Cassidy's vowel system. The sounds of the symbols O, OO, and U have been reshuffled, resulting in a system closer to the standard English spelling of these sounds. My version, the **B version**, I am convinced, is less confusing to a child or to the general public whose normal frame of reference is standard English spelling. The following chart illustrates these modifications (marked with @ for Adams) in Cassidy's system:

	Cassidy	B Version
short A	ah as in pat, pot*	ah as in pat, pot*
long AA	aah as in bard, Jam. **waar**/ war	aah as in bard, Jam. **waar**/war
short E	eh as in egg	eh as in egg
long EE	omit**	ay as in day
short I	i as in pin	i as in pin
long II	ee as in feed (**fiid**)	ee as in feed (**fiid**)
single O	short u as in but	@ long O, as in no, so, go
double OO	omit***	@ short OO as in book, good, put
short U	short OO as in book, good, put	@ short U as in but
long UU	long U as in tune, long OO as in boot	long U as in tune, long OO as in boot ****

* Note that because "pat, pot" are pronounced the same in Jamaican, there is no need for a short O symbol. Standard English words such as "top, knot, mob" are spelled **tap, nat, mab**. This conveniently frees up one of the ten vowel symbols to accommodate the 11th English vowel, the short OO sound of "book, put". I have used the OO symbol for this sound, while Cassidy has placed it under the U symbol. Thus where Cassidy has **buk, gud, fut, put** , I have **book, good, foot, poot**. I think this is a sensible modification, as "put" is an isolated anomaly in standard English spelling.

 Cassidy uses the single O symbol for the short U as in "but", while I place this sound under the U symbol. This permits my spellings **but, mud, fun, dung** instead of Cassidy's **bot, mod, fon, dong**. I think this is a sensible modification. For myself, the greatest difficulty I have reading his system is remembering to read short O as short U.

** Cassidy omits the EE symbol. In his opinion this sound (ay, the long A sound of standard English) does not exist in the Jamaican folk speech. Instead one hears the diphthong IE, as in **niem/name** (see below, p. 71). I have included the long EE sound because it is increasingly to be heard today by those whose pronunciation is veering toward standard.

*** Cassidy omits the double OO symbol, which in his system would have expressed the long O sound (oh). In his opinion the long O sound does not exist in the Jamaican folk speech, being replaced by the diphthong UO (see below, p. 72). I think that one definitely hears a more clipped long O sound, without the diphthongization, e.g. in the terminal sounds of unemphasized "no, know, etc.". (When these same words are spoken with <u>emphasis</u>, they <u>do</u> become **nuo**, etc.) I have used the symbol O to represent this long O sound, as in English "go, so", etc.

**** The inconsistency in this vowel system, its technical imperfection, manifests itself in the spelling of terminal vowels on short two- and three-letter words. Cassidy himself, who introduces this system in Appendix One of *Jamaica Talk*, only reproduces one short selection written in this system, and uses another orthographic system, closer to standard (or my **A** version) in his text. But Beryl Bailey has written a 300 page *Creole Language Course* using Cassidy's phonetic system, and here the problem shows up: She spells **go, so, no mo**, etc. using the single O symbol which is supposed to represent the short U sound in "but" (uh). Surely Jamaicans do not always say **guh suh** (go so) even though their terminal vowels may be "checked". Cassidy clearly needs a symbol for simple long O sound (oh), yet the only symbol he has vacant is OO. How could we stomach **goo** for **go** or **noo moo** for **no mo**?

 In the case of my version, the **B** version, the problem manifests itself with the letter U, which represents the same short U of "but" (uh). Technically, I should write **duu** for "do" instead of **du**, for we do not say "duh". However, for simplicity's sake, I continue to write **du, uno** (not **ɥuno**), and **yu** (not **yuu**). **Du yu main/mind?**

 We have been told that consistency is the hobgoblin of small minds. We must not fret over such things. The two-letter simplicity, in spite of its inconsistency, is much preferable to consistent ridiculous spellings. I have troubled to point out these technical shortcomings only because no system is perfect. But this one by comparision with the morass of standard English "mis-spellings" which it attempts to replace, is nearly so.

The Treatment of Diphthongs in this Phonetic System:

The word "diphthong" is from the ancient Greek, meaning "two sounds". It is commonly used to mean two vowels blending into each other as one continuous sound. In standard English "voice" and "sound" represent true diphthongs. Many standard spellings represent false diphthongs, two consecutive vowels which perhaps once represented some ancient or foreign diphthong, but are currently pronounced as a single vowel sound: ("meat, piece, main, receive, could, tough", etc.). These false diphthongs have been eliminated in the **B version**. As for the true diphthongs, the system deals only with Jamaican diphthongs, which, as explained below, differ substantially from the standard pronunciations:

AI   This diphthong is pronounced like English long I, as in the pronoun "I"; Jam. **bwai**/boy. Not to be confused with the false diphthong AI in standard (as in "pain").

EI   This is primarily heard in the variant diphthongal pronunciation of the past tense particle **wein (way-in)**, negative **nein (nay-in)**. Not to be confused with the false diphthongs EI in standard (as in "receive, weight").

IE   This diphthong is pronounced "i-ay" or "ee-ay"; Jam. **iej**/age. Not to be confused with the false diphthong "ie" in standard (as in "piece").
One normally hears this diphthong wherever one encounters the long A sound of standard (as in "day"), the long E sound in the continental system: **niem**/name; **kiek**/cake; **trien**/train. Where it is not found as expected, the EE has been shortened to E: **tek**/take; **mek**/make; **gwe!**/go away!; **tengl**/tangle; **heng**/hang.
The degree of "diphthongization" often depends on the mood or emphasis of the speaker:

fain a we	find a way
Dwii siem wie!	Do it the same way!
Wiiie dung deh!	*Way* down there!

OA   Cassidy has eliminated this diphthong, perhaps because his single O symbol represents the short U sound of "but". He spells **buot**/boat; **guot**/goat, (see below, under UO). Although these pronunciations are perhaps more common, there is a Jamaican diphthong OA, with the true diphthongal sound O-A, **go-at, bo-at**. Louise Bennett has used this diphthong to record the pronunciations **doan**/don't; **doah**/though. (As the O symbol in the **B version** represents the long O sound, this diphthong presents no problem for my system.)

This true diphthong OA must not be confused with the false diphthong OA of standard (which pronounces "goat" as "gote", a single vowel sound).

OU   Cassidy uses this diphthong to indicate a normal standard long O sound, in preference to his unused OO symbol. He claims that the long O sound of standard ("no, go, so", etc.) is in fact a diphthongal sound, with a -U sound at the end.* Say "No!" with emphasis, in the metropolitan manner, and you will hear it. I rarely use this OU diphthong, only when emphasis clearly demands a terminal -U sound on the long O.

UO   This diphthong occurs in traditional Afro-Jamaican pronunciation whenever standard English presents a long O sound. Say "No!" with emphasis, in the Jamaican manner, and you will hear the -U sound (really the UU sound in my system) at the beginning of the diphthong. This "diphthongization" survives most strongly in emphasized words, while it is lacking where there is little emphasis:

Nuo! Mi no waan nun.   No! I don't want any.

Concluding Remarks on the Phonetic System

This system is very economical. A page of **B version** is substantially shorter than its **A version** equivalent. With a little practice this system is simple to understand and to use. It would be an ideal orthography for the future, an excellent tool for writing down the plethora of so-called Creole languages developing all over English-speaking Africa. It could facilitate international cultural exchanges among artists writing dialogue or

---

*   This long O sound occurs in the Jamaican pronunciation of the English diphthong "ow" or "ou" ("cow, ground, out"). Cassidy spells these **cou, ground, out**. The "ow" sound does not exist in Jamaica (see p. 11). As the **B version** symbol for long O is simply O, I spell **ko, grond, ot**. To me this emphasizes more clearly the difference in the Jamaican pronunciation of these words.

poetry in these languages.

Unfortunately, the first impression created by a page of writing in this orthography is that of a totally new language like Esperanto or Newspeak. That is why I have not used the **B version** in the body of the grammatical text of this book, though I would have preferred to do so. It would have repelled the average visitor with a casual interest in Afro-Jamaican by making the language look unnecessarily alien and difficult to penetrate. The majority of our visitors are either native speakers of standard English or else have some acquaintance with standard English as a foreign language. They are more at home with "two" than **tu**, with "one" than **wun. Ho bot yu?** A reasonably intelligent visitor, I have found, can muddle through the **A version** without needing a translation; but the **B version** can literally cause a headache to the uninitiated.

As for primary students, if their minds were the "blank sheets" discussed by philosophers, they could easily master the **B system**. But, existing as they do in a world which bombards them with standard English spellings on TV, in ads, on labels, etc. from the earliest age, the contradictions between the two systems of spelling would probably cast them into utter confusion. And if you have taught a child to spell **do** ("tho" in patois), how are you going to force him later to spell "though"? He could of course approach standard English as a foreign language, as so many have glibly suggested. Most likely he is not going to develop the proper respect for standard English, for he will be unable to blind himself to its myriad imperfections and contradictions. Better to stuff it blindly down his throat from the first grade when he is too young to judge for himself.

Standard English, with all its orthographic wierdness, continues to spread all over the globe. For at least decades to come we can be fairly sure that those who will wield power in our society will owe that power in part to their mastery of the mysteries of standard English. Educational policy-makers may pay lip service to the importance of "dialect", but will probably continue to act as if the rapid elimination of non-standard speech habits is the only solution to the problem of why Kofi can't read.

Reading Selection

("A" VERSION: Using Some Standard English Spellings)

"FI DADA TALE"

(one pikny life eena St. Mary, Jamaica eena di 1940 dem ...)

Dada: Well, mi really neva know much ting aboht mi mada. When mi small like hoh uno ena grow wid Emmie come up, when mi have sense, mi know mi a grow wid mi granmada. Dat time dem call im Nanny Bella. So mi neva really grow wid Mama till mi arohn maybe four to five year ol', like Keddie or bigga, mi en deh monks Mama one a di time – till mi get mi head bruk an gaa ospital. When mi come oht from ospital, a mi granny mi deh monks again. An di ole lady tek kya a mi all di while, you know, jus im likl pet, for im naa no more pikny rohn im, as pikny or granpikny. Well, afta shi haffi lef an go way –

Pikny: Do wa? Which paat?

Dada: Shi aten' to people – midwife – like Miss Pang, for shi baan di whole a mi mada pikny dem. Mos' a di man eena Islington –

Pikny: Shi baan dem?

Dada: Friendship, Roadside, eena fi mi age, a shi a dem nana, wi call dem nana, midwife; for dem day docta nen plentiful like noh. Yu have one docta Annotto Bay, yu have one a Highgate, an yu have Docta Harry a Poht Maria Bay. No, docta neva plentiful.

So afta leavin a di age a weh mi gaa ospital, eena di five bracket, becaa mi did have enuf sense fi know wa happen, mi come back an mi deh monks mi granmada fi a long period a time. Mi no spen' nuttin, mi no know nuttin boht mada keer, jus mi granmada. An shi happen fi gaa place name Albion Mountain back a weh Sista Birdie deh, go ten' to some people. An dat time Bredda Reid – dat a mi uncle deh – an Miss

74

Reading Selection
("B" VERSION: Phonetic Spellings)

"FI DADA TIEL"

(wun pikni laif iina St. Meri, Jamieka, iina di 1940 dem ...)

Dada: Wel, mi riili neva nuo much ting abot mi mada. Wen mi smaal laik ho uno ena gruo wid Emi kum up, wen mi av sens, mi nuo mi a gruo wid mi granmada. Dat taim dem kaal im Nani Bella. So mi neva riili gruo wid Mama til mi aron miebi foa to faiv yiir ol, laik Kedi or biga, mi en de munks Mama wun a di taim – til mi get mi hed bruk an gaa aspital. Wen mi kum ot fran aspital, a mi grani mi de munks agen. An di ol liedi tek kya a mi aal i wail yu no, dus im likl pet, far im naa no moa pikni ron im, az pikni or granpikni. Wel afta shi lef an go we –

Pikni: Du wa? Wich paat?

Dada: Shi a ten tu piipl – midwaif – laik Mis Pang, far shi baan di huol a mi mada pikni dem. Mos a di man iina Izlingtun –

Pikni: Shi baan dem?

Dada: Frenship, Roadsaid, iina fi mi iej, a shi a dem nana. Wi kaal dem nana, midwaif; far dem die dakta nein plentifool laik nou. Yu av wun dakta Anata Bie, yu av wun a Aigiet – Draidn – an yu av Dakta Ari a Pot Maria Bie. No, dakta neva plentifool.

So afta liivin a di iej a we mi gaa aspital, iina di faiv braket, bikaa mi did av inuf sense fi nuo wa apn, mi kum bak an mi de munks mi granmada fi a lang piriud a taim. Mi no spen nutin, mi no nuo nutin bout mada kiir, dus mi granmada. An shi apn fi gaa plies niem Albiun Montn bak a we Sista Boodi de, go ten tu sum piipl. An dat taim Breda Riid – dat a mi

Margaret – di one who dead – an Sista Vy, dem live a Trinity. So shi stay dung deh an lef me a yaad wid di ol' man, im usban'. Dat deh usban' deh noh was a sickly ol' man, im have a whole heap a big bump. Come like im all fight eena one a dem waar, come like im a bruk oht eena fassy; an im walk wid 'tick an im han' tremble an ting.

Di ole lady no come back fi aboht two week, so mi happen fi go way noh an fin' Wally. Caa mi an im always in contac dem time deh. So afta mi fin' im, im kyai mi noh go weh Mama deh – Nutsfield. An mi gaa Nutsfield di same year breeze blow, you know –

Pikny: Hurricane? A di same time yu say yu foot did a lif up offa di grohn?

Dada: Uh-huh, 1944. Boht tree mont mi spen' deh. An mi up deh wid har till Christmas come an shi a sen' mi a school. Dat time mi a nine, yu know, an mi no know a school doorway yet. Shi sen' mi a school fi four mont, den shi gi mi way again when mi eena mi ten, gi mi granny, till one man beg im one likl bwai. Jus tru mi mada lef mi fada.

Same like hoh yu see mi woulda live ya noh, jus waan wook mi fiel', mi fada stay same way. Mi fada a en tayla, you know, uno granfada a tayla. Im have im machine an im sew in one-one pants. Im have im piece a lan', two piece a lan' im have. Im pick im cocanut an shi bwile ile, an Mama gaa maaket an sell pint bokl.

So afta mi daddy lef im, Mama leave an gaan hustle ohtside noh, for shi like see di money come een, you know, shi no like fi know say, well den, di man a live offa im own. Mama like gaa property go wook becaa shi like har name call a di paybill. An mi daddy neva too eena dat becaa im no grow up an see im fada an mada wook oht, yu unnastan, caa grung dem a live offa, di two a dem.

Well, afta shi gi mi way, an mi da ya a dis place wid di people dem noh –

Pikny: Coolie?

Dada: No, nega man. Di man naa no pikny, an di ooman weh im have, have tree pikny – Sidley, Patsy and Mel. Alright den, mi haffi move di goat dem, mi bwile di haag feedin, look boht di coh, wata di cyabage bed, evryting.

76

unkl de – an Mis Maagret – di wun hu ded – an Sista Vai, dem liv a Triniti. So shi stie dung de an lef mi a yaad wid i ol man, im uzban. Dat de uzban de nou wuz a sikli ol man, im av a ol iipa big bump. Kum laik im al fait iina wun a dem waar, kum laik im a bruk ot iina fasi. An im waak wid tik an im han trembl an ting.

Di ol liedi no kum bak fi abot tu wiik, so mi apn fi go we nou an fain Wali. Kaa mi an im alwez in kantak dem taim de. So afta mi fain im, im kyai mi nou go we Mama de – Nutfiil. An mi gaa Nutfiil di siem yiir briiz bluo, yu no –

Pikni: Hurikien? A di siem taim yu se yu foot did a lif up afa di grung?

Dada: Uh-huh, naintiin faati-foa. Bot tri munt mi spen de. An mi up de wid ar til Krismus kum an shi a sen mi a skuul. Dat taim mi a nain, yu no, an mi no nuo a skuul dorwe yet. Shi sen mi a skuul fi foa munt, den shi gi mi we agen wen mi iina mi ten, gi mi grani, til wun man beg im wun likl bwai. Dus tru mi mada lef mi fada.

Siem laik ho yu si mi wooda liv ya nou, dus waan wuk mi fiil, mi fada stie siem wie. Mi fada aen tiela, yu no, uno granfada a tiela. Im av im mashiin an im so im wun-wun pans. Im av im piisa lan, tu piisa lan im av. Im pik im kokanut an shi bwail ail an Mama gaa maakit an sel paint bakl.

So afta mi dadi lef im, Mama liiv an gaan husl otsaid noh, far shi laik si i muni kum iin, yu no, shi no laik fi nuo se wel den di man a liv afa im uon. Mama laik gaa prapati go wuk bikaa shi laik har niem kaal a di piebil. An mi dadi neva tuu iina dat bikaa im no gruo up an si im fada an mada a wuk ot, yu unastan, kaa grung dem a liv afa, i tu a dem. Wel, afta shi gi mi we, an mi da ya a dis plies wid di piipl dem nou –

Pikni: Kuuli?

Dada: No, nega man. Di man naa no pikni, an i ooman we im av, av tri pikni: Sidli, Patsi, an Mel. Alrait den, mi afi muuv di goat dem, mi bwail i haag fiidn, look bot di ko, wata di kyabij bed, evriting.

Pikny: A wa di pikny dem do?

Dada: A no fi im pikny. Mi no deh monks di ooman, a di man dem gi mi to. Man! Wuk, yu know! An no food behin' i'.

Pikny: No food?

Dada: Becaa if food even di deh, mi neva get any, caa from maanin mi leave gaa grung, six o'clock, aboht tree mile. Mi gaa one place name Georgetown, an from Georgetown mi haffi gaa Hathlone, dat is arohn five mile when mi circle rohn – kyan be more, but mi jus average i' at five mile. When mi come back a yaad, sometime a all night, for mi no know anyone deh, mi naa no frien'. Anyting mi do mi haffi jus a gwaan, caa all di likl bwai boht deh noh waan beat mi up all di while. All right mi a strangea deh, strange country yu know, if yu a fohl yu try go eena strange yaad, evryone haffi get a pick offa yu.

Pikny: Oh God!

Dada: Yes, man, evryone waan fight im till im beat im. So, dis man have so much bush, a jus pure wuk all di while, an when mi come sometimes a all di haag feedin mi haffi a eat.

Pikny: Jeesam!

Dada: Believe mi to God! Sometime mi haffi eat di feedin, all go fi di cocanut trash mix up eena di wata same way, an mi a come home an when di hungry a bite mi eena all dem awas a night ya - for mi jus come from bush, yu know, an a kyai di load. Di ooman a higgla an fi im pickny-dem gaan a school an mi haffi a kyai di load. Dat time di man promise dem say dem a go sen' mi a school. Not a school!
    Man! Di hungry peg mi one a di night deh an mi shoob dung mi han' eena di bucket pon mi head an feel one big lump a cocanut an mi eat i. Mi help dung di bucket fi aboht half awa eena di road deh, yu know, for a no place weh people walk like pon main road, a surveya track, like from ya to Donny, pure bush, yu know, but a track: people walk deh a day time go a fiel', but no much a night. An mi go eat di cocanut, you know, dat time mi go home, go home late, coudn' feed di haag ...

Pikny: An di man beat yu?

Pikni: Wa i pikni dem du?

Dada: A no fi im pikni. Mi no de munks di ooman, a di man dem gi mi tu. Man! Wuk, yu no! An no fuud bihain i.

Pikni: No fuud?

Dada: Bikaa if fuud hiivn di de, mi neva get eni, kaa fram maanin mi liiv gaa grung, siks aklak, abot tri mail. Mi gaa wun plies niem Jajtung, an fran Jajtung mi hafi gaa Atlon, dat iz aron faiv mail wen mi sirkl ron — kyan bi moa, but mi dus avrij i at faiv mail.

Wen mi kum bak a yaad, sumtaim a aal nait, far mi no nuo eniwun de, mi naa no fren. Eniting mi du mi hafi dis a gwaan kaa aal i likl bwai bot de nou waan biit mi up aal i wail. Aal rait mi a strienja de, strienj kuntri, yu no, if yu a fol yu trai go iina strienj yaad, evriwun hafi get a pik afa yu.

Pikni: O Gad!

Dada: Yes, man, evriwun waan fait im til im biit im. So, dis man av so much boosh, a dus pyur wuk aal i wail, an wen mi kum sumtaim a aal i haag fiidn mi hafi a iit.

Pikni: Jiizam!

Dada: Biiliiv mi tu Gad! Sumtaim mi hafi iit i fiidn, aal go fi i kokanut trash miks up iinai wata siem wie, an mi a kum om an wen di hungri a bait mi iina aal dem awaz a nait ya _ far mi dus kum fram boosh, yu no, an a kyai i load. Do ooman a igla an fi im pikni dem gaan a skuul an mi hafi a kyai i load. Dat taim di man pramis dem se dem a go sen mi a skuul. Nat a skuul!

Man! Di hungri peg mi wun ai nait de an mi shoob dung mi han iinai bukit pan mi hed an fiil wun big lump a kokanut an mi hiit i. Mi help dung i bukit fi abot haf awa iinai road de, yu no, far a no plies we piipl waak laik pan mien road, a surveya trak, laik fran ya to Dani, pyur boosh, yu no, but a trak: piipl waak de a die taim gaa fiil, but no much a nait. An mi go iit i kokanut, yu no, dat taim mi go uom, go uom liet, koodn fiid i haag ...

Pikni: An di man biit yu?

79

Dada: Yes, man! Di man come een di night an a say, "How di feedin da ya an di haag no get any?"

An mi tell im say, "Mi lef bush till mi haffi look boht di goat dem an wata di cyabage bed an di tuhnip dem an i get late an mi go fi feedin, but mi no bada feed di haag dem." Becaa dem say haag no fi feed late. Ayiiii! Mi say im gi mi some lick eena di night deh noh an –

Pikny: Oh God!

Dada: Dat time mi a bwile haag feedin, yu know; fi di haag feedin mi haffi get scratch coco, mi haffi clean dem off an chop dem up, put dem eena di zinc pan an bwile dem. Mi no eat no dinna all dem deh time for dem deh people doan cook early, yu know. An di man beat mi di night noh an mi haffi a sleep unnaneat di cella fi get way fran im.

Pikny: Mi??? Mi da go tell –

Dada: An one big papaa di deh, for a mi pick di papaa kyai come from bush, pick i a ole bush, like hoh fi mi grung tun ole bush up deh noh, pick di papaa deh. An mi hungry di night noh afta mi get di beatin an mi couldn' eat i off still, but mi eat oht some a i, yu know.

Pikny: Dem did know say yu lef i?

Dada: Dem did know say mi kyai i come deh, man. An di man decide fi beat mi for i di Sunday maanin deh, man. An mi run way ...

Pikny: Go weh?

Dada: Run come dung Bailey's Vale, as far as Bailey's Vale, an when mi come deh so, mi no know which paat fi go again.

Pikny: Yu stay dung deh?

Dada: All boht pon di road mi a walk all boht gains' Broomanhall deh. An mi all walk eena banana walk an fin' ripe banana.

Pikny: But see ya! Den yu fin' none?

Dada: Yes, man! Di man kum iin di nait an a se, "Ho di fiidn da ya an di haag no get eni?"

An mi tel im se, "Mi lef boosh til mi hafi lŏok bot i goat dem an wata i kyabij bed an i tunip dem, an i get liet an mi go fi fiidn, but mi no bada fiid i haag dem." Bikaa dem se haag no fi fiid liet ... Ayiiii! Mi se im gi mi sum lik iinai nait de nou an –

Pikni: O Gad!

Dada: Dat taim mi a bwail haag fiidn, yu no. Fi i haag fiidn mi hafi get 'krach koko, mi hafi kliin dem af an chap dem up, poot dem iinai zink pan an bwail dem. Mi no iit no dina al dem-de taim far dem-de piipl doan kook hurli, yu no. An di man biit mi di nait nou an mi hafi a sliip unaniit i sela fi get we fran im.

Pikni: Miiii? Mi da go tel –

Dada: An wun big papaa di de, far a mi pik i papaa kyai fram boosh, pik i a ol boosh, laik ho fi mi grung tun ol boosh up de nou, pik i papaa de. An mi hungri di nait nou afta mi get di biitn an mi koodn iit i af stil, but mi hiit ot sum a i, yu no.

Pikni: Dem did nuo se yu lef i?

Dada: Dem did nuo se mi kyai i kum de, man. An di man disaid fi biit mi far i agen di Sunde maanin de, man. An mi run we.

Pikni: Go we?

Dada: Run kum dung Bieliz Viel, az far az Bieliz Viel, an wen mi kum de so, mi no nuo wich paat fi go agen.

Pikni: Yu stie dung de?

Dada: Aal bot pan di road mi a waak aal bot gens Bruuman Haal de. An mi aal waak iina banana waak an fain raip banana.

Pikni: But si ya! Den yu fain nun?

Dada: Yes, man, fin' banana wa pruna-man chop dung, im a prune banana walk an all cova i up unda trash deh, ripe Gross Michel, dem sweet yu laas!

Pikny: A true?

Dada: Uh-huh, an mi neva come back till late di night, man, mi no know which paat fi go sleep. Mi say mi go boom unda di cella, mi bonks mi res'. An daylight di maanin mi cut oht.

Pikny: Again?

Dada: Yes, man, early eena di maanin, till im 'tart walk up an dung a look fi mi noh becaa mi eena di area but im kyaan see mi. Well, one night mi haffi a gaa di yahd go look some food noh, for mi no waan gaa nobody yahd still fi mek dem mek up an kyatch mi fi go gi im back mek im beat mi.

Pikny: Yu shoulda go a police an tell dem say im a kill yu!

Dada: So mi go back a di yaad - im call mi back a di yaad an say im naa beat mi, an im no really beat mi, for evrybody a say im no fi beat mi. A tru mi no grow wid mi mada weh mi fi get no whole heap a beatin. One a dem time deh mi en deh monks Mama when mi daa Nutsfiel'. Mi deh monks im an im usually beat mi for im lef all dem udda one dem pon mi fi look boht, an mi kyaan manage Wally.

Pikny: Wa mek?

Dada: No, man, mi an Wally come like yu an Kwao, yu know, so mi couldn' manage im noh an when im waan go fi im way, muss eida wi fight or someting.

Well den, mi run way, a run mi run way an di man en call mi back a di yaad. Mi daa di yaad deh again fi a long time an mi mek frien' wid a bwai eena one udda distric like hoh –

Pikny: Wa im name?

Dada: Mi no memba im name noh, but im know Bachus Wood. A so mi go get tru noh, nex time mi a get fi run way noh, mi a run way an come home.

All right, nex time di man deh gi mi an assin – mi no memba a fi wa dis time, but a no nuttin big, a no big someting

Dada: Yes, man, fain banana wa prooma man chap dung, im a proom banana waak an aal kuva i up una trash de, raip Gros Mishel, dem swiit yu laaas!

Pikni: A tru?

Dada: Uh-huh, an mi neva kum bak til liet di nait, man, mi no nuo wich paat fi go sliip. Mi se mi go buum unda di sela, mi bunks mi res. An dielait di maanin mi kut ot.

Pikni: Agen?

Dada: Yes, man hurli iinai maanin, til im taat waak up an dung a look fi mi nou, bikaa mi iina di eria but im kyaan si mi. Wel wun nait mi hafi a gaa di yaad go look sum fuud nou, far mi no waan gaa nobadi yaad stil fi mek dem mek up an kyach mi fi go gi im bak mek im biit mi.

Pikni: Yu shooda gaa poliis an tel dem se im a kil yu.

Dada: So mi go bak a di yaad – im kaal mi bak a di yaad an se im naa biit mi, an im riili no biit mi, far evribadi a se im no fi biit mi. A tru mi no gruo wid mi mada we mi fi get no huol hiip a biitn. Wun a dem taim de mi en de munks Mama wen mi daa Nutsfiil. Mi de munks im an im yuuzhuali biit mi far im lef aal dem uda wun dem pan mi fi look bot, an mi kyaan manij Wali.

Pikni: Wa mek?

Dada: No man, mi an Wali kum laik yu an Kwao, yu no, so mi koodn manij im nou, an wen im waan go fi im wie, mus aida wi fait or sumting.

Wel den, mi run we, a run mi run we an di man en kaal mi bak a di yaad. Mi daa di yaad de agen fi a lang taim an mi mek fren wid a bwai iina wun neda distrik laik ho –

Pikni: Wa im niem?

Dada: Mi no memba im niem nou, but im nuo Bakus Hood. A so mi a go get tru nou, neks taim mi a get fi run we nou, mi a run kum uom. Alrait, neks taim di man de gi mi an asin – mi no memba a fi wa dis taim, but a no nutn big, a no big sumting

83

mi do. A someting to all goat, mi mussi no kyatch di goat or one a di goat en kyatch fly an mi no tell dem. Di goat foot ena rotten off an a it mek di man murda mi.

Pikny: Yu tan deh mek im lick yu! If a mi, mi woulda run way! A yu have time, mek im lick you!

Dada: Mi a run way dis time, yu know. An mi a siddung an mi plan an mi run way from im gaa one ooman name Berta, mi go stay wid im. Im naa no pickny, neida im man naa no pickny, but dem grow one likl bwai. So mi an di likl bwai di deh noh.
   One maanin mi deh eena di yaad an mi look ohta di gate so, no di man mi see ohta di road a tan up an a look een? Im oht deh so jus a kaal, kaal, so mi aks im, "Wa yu waan, suh?" Im say, "Come ya, man!" Mi no pay im no min', mi jus gwaan do wa mi a do till im walk off, caa im a go waan come kyatch mi, yu know. A dat mi a consida say im o waan come kyatch mi, kyai back a fi im yaad noh gi mi one assin.

Pikny: Im see yu a get betta keer noh dan we yu ena get ...

Dada: Yes, di ooman really keer mi, but is a ooman wa waan beat mi too, an mi feel say mi waan run way. So one maanin mi go fi wata, mi go fi wata an mi ya some bud pikny eena one tree. So mi chop dung one tick eena di bamboo an mi climb di bamboo, tek dung all tree a dem. Den mi go dung eena di gully, kyach di wata. Which paat mi a go, weh mi kyach di wata, a haas faadin gully, fi go up a Top Pen.

Pikny: Sohn like mi know dat place deh.

Dada: When mi look mi see di ooman a come dung di hill wid one nice piece a guava whip nearly di stohtness a mi likl finga an boht so long, wid two end. An mi say, "waiiiit – dis no so!" An a mi one dung deh, a no say well di udda likl bwai di deh wid mi. An mi wait till im come boht a di cocanut tree deh so, im say,
   "A wa yu ena do dung ya so long? A bud pikny yu ina kyach?"
   An mi jus leggo di drum pan, di zungu pan offa mi head, an mi gaan. When im come a yaad, dat time mi drink off di tea and tek mi wheel.

Pikny: Yu wa? Gwaan!

mi du. A sumting tu aal goat, mi musi no kyach i goat or wun ai goat en kyach flai an mi no tel dem. Di goat foot ena ratn af an a it mek di man murda mi.

Pikni: Yu tan de mek im lik yu! If a mi, mi wooda run we! A yu av taim, mek im lik yu!

Dada: Mi a run we dis taim yu no. An mi a sidung an mi plan an mi run we fran im gaa wun ooman niem Burta, mi go stie wid im. Im naa no pikni, naida im man naa no pikni, but dem gruo wun likl bwai. So mi an di likl bwai di de nou.

Wun maanin mi de iinai yaad an mi look outa giet so, no di man mi si otai road a tan up an a look iin? Im ot de so dus a kaal, kaal, so mi aks im, "Wa yu waan, sa?" Im se, "Kum ya, man!" Mi no pie im no main, mi jus gwaan du wa mi a du til im waak af, kaa im a go waan kum kyach mi, yu no. A dat mi a kansida se im o waan kum kyach mi, kyai bak a fi im yaad nou gi mi wun asin.

Pikni: Im si yu a get beta kiir nou dan we yu ina get ...

Dada: Yes, di ooman riili kiir mi, but iz a ooman wa waan biit mi tuu, an mi fiil se mi waan run we. So wun maanin mi go fi wata, mi go fi wata an mi ya sum bud pikni iina wun tri. So mi chap dung wun tik iinai bambu an mi klaim i bambu, tek dung aal tri a dem. Den mi go dung iina i guli, kyach i wata. Wich paat mi a go, we mi kyach i wata, a haas faadn guli, fi go up a Tap Pen.

Pikni: Son laik mi nuo da plies de.

Dada: Wen mi look mi si di ooman a kum dung i hil wid wun nais piis a guava wip niirli di stotnes a mi likl finga, an bot so lang, wid tu en. An mi se,

"Wieet! Dis no so!" An a mi wun dung de, a no se wel di uda likl bwai di de wid mi. An mi wiet til im kum bot a di kokanut tri de so, im se,

"A wa yu ena du dung ya so lang? A bud pikni yu ena kyach?" An mi dus lego i jum pan, di zungu pan afa mi hed, an mi gaan. Wen im kum a yaad, dat taim mi jink af i tii an tek mi wiil ...

Pikni: Yu wa? Gwaan!

Dada: One ayun wheel, big truck rim wheel. An mi pick a bunch a orange. Al right.

Pikny: Gaan!

Dada: An mi move tru di village noh, mi come tru Bonny Gate, an mi tun tru Boynes Park, caa mi know dem place deh noh. Well, mi run gwaan oht till mi gaa one ooman name Berta again. Im see mi a gwaan an im say, "A weh yu come from, man?" Im say im know mi aunty dem. Im say im ena go mek im husban kyai mi dung deh. Caa mi waan reach home, mi waan reach some one a mi family dem.

Well mi deh a yaad deh wid im till im usban come up. So when di usban come noh, di ooman neva bada mek mi go wid im again. Mi jus stay a di yaad, kyai food go gi di usban tree day a week, Sunday, Wednesday, an Friday.

So one a di night mi a come, an tru mi still have di chigga eena mi foot, mi walk - mi no eena di road pon di stone, pon di bruk stone wa dem 'pread pon i, caa dem a jook, mi walk eena di bankin side. An mi fall dung, bruk oht all di toe nail an di plate mash ... fly ohta di, ah, come ohta di tray we mi a kyai. I' mash becaa mi fall dung same place, so mi haffi leggo di tray fi no lick mi face a grung - mi kyach up pon mi han'.

When mi go home di ooman gi mi one backsidin. A good backsidin for i, yu know, man, an neva even dress mi toe, man, nor nutting ... An mi say, "Bwai, mi a reach home a mi yaad noh, yu know ... mi haffi reach home somehoh," an mi did run way.

When mi a move di maanin, man, shi say, well, mi fi go bwile tea an mi a put de tea pon faya. An mi go dung eena di gully go pick some dandelion an some wata grass an a nice bunch a orange an say, "Well, dis one ya a fi yaad ..." Yu see when shi gaan oht back a door go empty im chimmy, im ongle ya when di wheel drop oht a road so, beng! An mi staat from dat, yu know, suh.

Mi come tru Lookout, fin' myself drop oht dung a Hampstead, an mi say well dis road muss lead mi dung back pon di main, weh mi en deh one time. An mi ena look fi di big hohse dem an di gate dem wey mi en pass deh already. An a so mi gaan dung Hampstead road wid mi wheel, go up an walk Ballard's Valley road an tek Heywood Hall back, man. Tru Bachus Wood. Drop oht a Friendship, ova a mi aunty. A right weh granfada bury. Di hohse weh unda di big mango tree, a right deh so.

Dada: Wun ayun wiil, big truk rim wiil. An mi pik a bunch a arinj. Alrait.

Pikni: Gaan!

Dada: An mi muuv tru i vilij nou, mi kum tru Bani Giet, an mi tun tru Bainz Paak, kaa mi nuo dem plies de nou. Wel, mi run gwaan ot til mi gaa wun ooman niem Burta agen. Im si mi a gwaan an im se, "A we yu kum fram, man?" Im se im nuo mi anti dem. Im se im ena go mek im uzban kyai mi dung de. Kaa mi waan riich uom, mi waan riich sum wun a mi famli dem.

Wel mi de a yaad de wid im til im uzban kum up. So wen di uzban kum nou, di ooman neva bada mek mi go wid im agen. Mi dus stie a di yaad, kyai fuud go gi di uzban tri die a wiik, Sunde, Wenzde, and Fraide.

So wun a di nait mi a kum, an tru mi stil av di chiga iina mi foot, mi waak – mi no iina di road pan i stuon, pan i bruk 'tuon we dem pred out pan i, kaa dem a jook, mi waak iinai bankin said. An mi fal dung, bruk ot al di toniel an di pliet mash ... flai ota de, ah, kum otai trie we mi a kyai. I' mash bikaa mi faal dung siem plies, so mi hafi lego di trie fi no lik mi fies a grung – mi kyach up pan mi han.

Wen mi go uom di ooman gi mi wun baksaidn. A good baksaidn far i, yu no, man, an neva hiivn dres mi tuo, man nor nutin ... An mi se, "Bwai, mi a riich uom a mi yaad nou yu no ... mi hafi riich uom sumho," an mi did run we.

Wen mi a muuv di maanin, man, shi se, wel, mi fi go bwail tii, an mi a poot i tii pan faia. An mi go dung iinai guli go pik sum dandilaiun an sum wata gras an a nais bunch a arinj an se, "Wel dis wun ya a fi yaad..." Yu si wen shi gaan ot bak a doa go emti im chimi, im ongl ya wen di wiil drap ota road so, beng! An mi staat fram dat, yu no, sa.

Mi kum tru Lookot, fain miself drap ot dung a Ampsted, an mi se wel dis road mus liid mi dung bak pan di mien, we mi en de wun taim. An mi ena look fi i big hos-dem an di giet-dem we mi en pas de alredi. An a so mi gaan dung Ampsted road wid mi wiil, go up an waak Baaladz Vali road an tek Hiewood Haal bak, man. Tru Bakus Hood. Drap ota Frenship, ova a mi anti. A rait we granfada beri. Di hos we una di big mango tri, a rait de so.

87

Pikny: Mi waan go up deh, yu know, Daddy.

Dada: An mi go dung a Uncle Dan an mi see dem. Uncle Dan say im naa no food, im naa no money. Im en have caanmeal an im jus eat i off. Mi climb one cocanut tree an pick jelly an mi get di dry one-dem. An mi tun tru Mountain road, tun back pon di road. An den mi go oht which part Harry Garvey live – a deh so Mama en live one a di time. An Wally daddy. So mi go up deh an tink mi o fin' Wally.

Pikny: A who a Wally daddy?

Dada: One man name Aatha. So, when mi ova deh mi go fin' Wally an, a ova a Mohntain Mama live an im enao kyai mi ova deh. Wi go ova a Mohntain, wi no fin' Mama. Yes! Im en daa yaad an a do wa? Da tun some cassava head. Im have cocanut an a juice some cassava. Anyhoh, right away im tun to wuk an im staat to wash di ol' toe. Two sore toe, yu know, pon di two foot.

Pikny: An dem all got di chigga-dem?

Dada: An all some chigga eena di foot side ya-so, yu see right ya-so, an ya so? Da one ya. Di coh shit, mi walk eena di coh shit an di goat shit an dis ting deh-so kin'a lif up all di while. So unnaneat i kin'a sore all dem way deh, dass why mi haffi a pick off di skin, i get tenda; so chigga gaa di tenda spot fi go eena yu foot.

Pikny: Laad, chigga! Chigga no deh noh?

Dada: No, man.

Pikny: Tank God becaa mi woulda muss have dem!

Dada: An im staat to gi mi, sometime, yu know mi waan likl freedom for mi neva get any when mi daa monks dem people deh, likl maable playin, likl gig playin or kite flyin. An mi come back eena mi area noh monks all a di yout wa mi know long time when wi en deh boht ya. Mi waan ups an dung some time.

Mama gaan anyweh, as im come, people tell im say mi no daa yaad from maanin. A run Wally run dung a im daddy, for a no deh im stay, mi haffi stay deh. Mi get beatin, man, beatin. Pure beatin all di while an mi run way fran im.

Pikni: Mi waan go up de, yu no, Dadi.

Papa: An mi go dung a Unkl Dan an mi si dem. Unkl Dan se im naa no fuud, im naa no muni. Im in av kaanmiil an im dus iit i aaf. Mi klaim wun kokanut tri an pik jeli an mi get di drai wun-dem. An mi tun tru Montn road, tun bak pan di road. An den mi go ot wich paat Ari Gaavi liv – a de so Mama en liv wun ai taim. An Wali dadi. So mi go up de an tink mi o fain Wali.

Pikni: A hu a Wali dadi?

Papa: Wun man niem Aata. So, wen mi ova de mi go fain Wali an, a ova a Montn Mama liv an im enao kyai mi ova de. Wi go ova a Montn, wi no fain Mama. Yes! Im en daa yaad an a du wa? Da tun sum kasava hed. Im av kokanut an a juus sum kasava. Enihou, rait awie im tun tu wuk an im taat tu wash i ol tuo. Tu suor tuo, yu nuo, pan i tu foot.

Pikni: An dem aal gat i chiga dem?

Dada: An aal sum chiga iinai footsaid ya-so, yu si rait ya-so, an ya-so? Da wun ya. Di ko shit, mi waak iinai ko shit an i goat shit an dis ting de-so kaina lif up aal i wail. So unaniit i kaina suor aal dem wie de, das wai mi hafi a pik af i skin, i get tenda; so chiga gaa di tenda spat fi go iina yu foot.

Pikni: Laad, chiga! Chiga no de nou?

Dada: No, man.

Pikni: Tank Gad bikaa mi wooda mus av dem!

Dada: An im taat tu gi mi, sumtaim, yu no, mi waan likl friidum, far mi neva get eni wen mi daa munks dem piipl de, likl maabl plein,likl gig plein, or kait flain. An mi kum bak iina mi eria nou munks aal ai yuut wa mi nuo lang taim wen wi en de bot ya. Mi waan hups an dung sumtaim.
　　Mama gaan eniwe, az im kum piipl tel im se mi no daa yaad fram maanin. A run Wali run dung a im dadi, far a no de im stie, mi hafi stie de. Mi get biitn, man, biitn. Pyuur biitn aal i wail an mi run we fran im.

Pikni: We yu gaan? A wun kuuli man?

Pikny: Weh yu gaan? A one coolie man?

Dada: Mi gaa Mohntain a one man name Bradley, Mas Bradley dem. But dem wouldn' sen' mi a school an mi en waan gaa school. Becaa when dem udda pikny dem come home a evelin time an a read, yu know, an a talk all story ohta dem book, mi really feel a way, yu know ... An when dem a go oht pon school maanin an ting, an see evrybody fix up demself an gaan, an mi no go ...

An mi gaan becaa mi naa gaa school. An mi jus say, "Cho! Mi a go home back a dem yaad again." Mi go home back a yaad deh noh an Bredda Reid dis time tun di beata man noh fi mi. Bwai, mi kyaan tek i. An im gwaan an gwaan till Mama gaa Nutsfiel' go live an im a gwaan folla mi up wid beatin same way. An Mama a beat mi, im a beat mi, till one day dem lef mi a yaad, mi an Wally an Morgan. Dem no lef no – Mama no lef no food gi wi di Satday, right? Im jus lef shuga an milk fi bwile porridge fi Maagan.

Pikny: Maagan did a hoh much? Boht tree, boht Kwamen age?

Dada: Boht dat, boht two-tree. Di hohse fi clean, wi fi look wood an wi kyai wata ... Tree apaatment wid one veranda.

Pikny: Yu alone?

Dada: Mi an Wally ... Dat a mi alone, caa Wally naa do nuttin.

Pikny: Wa mek?

Dada: Im naa do nuttin.

Pikny: I'd a beat oht im tarra warra!

Dada: Well wi daa yaad deh an wi look boht porridge fi Maagan an when di porridge a done, wi decide say wi o cook caa nuf goat 'kin, coh tongue, coh head, coh tripe, whole heap a meat di deh, eena kreng-kreng.

Pikny: Laad! Mi wouldn' eat di coh tongue!

Dada: An wi cook a pot a food, go rohn a one grung wi ena look afta fi one man an wi dig one hill a yam an wi cook a pot a food. An afta wi eat done noh – two coolie bwai live side a wi

90

Dada: Mi gaa Montn a wun man niem Bradli, Mas Bradli dem. But dem hoodn sen mi a skuul an mi en waan gaa skuul. Bikaa wen dem uda pikni dem kum uom a iivlin taim an a riid, yu no, an a taak al tuori outa dem book, mi riili fiil a wie, yu no ... An wen dem a go ot pan skuul maanin an ting, an si evribadi fiks up demself an gaan, an mi no go ...

An mi gaan bikaa mi naa gaa skuul. An mi dus se, "Cho, mi a go om bak a dem yaad agen." Mi go om bak a yaad de nou an Breda Riid dis taim tun di biita man nou fi mi. Bwai, mi kyaan tek i. An im gwaan an gwaan til Mama gaa Nutsfiil go liv an im a gwaan fala mi up wid biitn siem wie. An Mama a biit mi, im a biit mi, til wun die dem lef mi a yaad, mi an Wali an Maagun. Dem no lef no – Mama no lef no fuud gi wi di Satde. Rait? Im dus lef shooga an milk fi bwail parij fi Maagun.

Pikni: Maagun did a ho much? Bot tri, bot Kwamen iej?

Dada: Bot dat, bot tu-tri. Di hos fi kliin, wi fi look wood, an wi kyai wata ... tri apaatmen wid wun varanda.

Pikni: Yu aluon?

Dada: Mi an Wali ... Dat a mi aluon, kaa Wali naa du nutn.

Pikni: Wa mek?

Dada: Im naa du nutn.

Pikni: Ai da biit ot im tara wara!

Dada: Wel wi daa yaad de an wi look bot parij fi Maagun an wen i parij a dun, wi disaid se wi o kook kaa nuf goat kin, ko tung, ko hed, ko traip, ol iip a miit di de, iina kreng-kreng.

Pikni: Laad! Mi hoodn iit i ko tung!

Dada: An wi kook a pat a fuud, go ron a wun grung wi ena look afta fi wun man an wi dig wun hil a yam an wi kook a pat a fuud. An afta wi hiit dun nou – tu kuuli bwai liv said a wi de-

deh so an come a yaad fi eat too, an aftawud wi all kyach a fight!

Pikny: An dem beat Wally an di younga one dem an yu a di bigga one?

Dada: An mi a di bigga one.

Pikny: Dem bigga dan yu, Daddy?

Dada: Bigga dan mi, man, mi aboht twelve, and dem aboht eighteen.

Pikny: Jeesam!

Dada: An wi beat dem up, man! Chase dem go ova a dem yaad wid all stone di day!

Pikny: Ha, ha, ha, an you no do no wuk!

Dada: So evelin a come noh, no wuk no done.

Pikny: Maagan all dutty up?

Dada: When wi go eena di kitchen di daag dem no jump up pon di fayaside? An dem teer dung i kreng-kreng an dem tek oht Miss Della meat!

Pikny: Eh-eeeeeeh!

Dada: Di whole a mi dead noh, caa mi know Wally naa get no beatin for i, yu know.

Pikny: Wa mek?

Dada: No, man, an mi a di bigga one a di yaad.

Pikny: But see ya! Kwao woulda haffi get beatin if mi a beaten!

Dada: Well a no so Mama dwi. Man! Mi jump an get likl Saint Vincent bush an cerace rub di floor, no bada wipe oht di hohse, yu know, an a try fi shine i. Wally say im kyaan kyai di bucket an mi haffi go lef di floor an go fi di wata. It no shine good, im say im a shine i, im a sweep i oht.

so an kum a yaad fi hiit tuu, an aftawood, wi aal kyach a fait.

Pikni: An dem biit Waali an di yunga wun-dem an yu a di biga wun?

Dada: An mi a di biga wun.

Pikni: Dem biga dan yu, Dadi?

Dada: Biga dan mi, man, mi abot twelv, and dem abot ietiin.

Pikni: Jiizam!

Dada: An wi biit dem up, man! Chies dem go ova a dem yaad wid aal stuon di die!

Pikni: Ha, ha, ha, an yu no do no wuk ...

Dada: So iivlin a kum nou, no wuk no dun.

Pikni: Maagun aal duti up?

Dada: Wen wi go iinai kichin di daag dem no jump up pan i faiasaid? An dem tiir dung i kreng-kreng an dem tek ot Mis Dela miit!!!

Pikni: Eee-eeeee!

Dada: Di ol a mi ded nou, kaa mi nuo Waali naa get no biitn far i, yu nuo.

Pikni: Wa mek?

Dada: No, man, an mi a di biga wun a di yaad.

Pikni: But si ya! Kwao wooda hafi get biitin if mi a biitn!

Dada: Wel a no so Mama dwi. Man! Mi jump an get likl Sen Vinsen boosh an surasi rub di floa, no bada waip ot di hos, yu no, an a trai fi shain i. Wali se im kyaan kyai di bukit an mi hafi go lef i floa an go fii wata. It no shain good, im se im a shain i, im a swiip i ot.

93

Pikny: Dat time im aboht eight?

Dada: Bigga dan dat, man, mi two year olda dan Wally.

Pikny: So im da ten -

Dada: An, mi a tell yu say, no wood no look, no wata no go fa, bwai! When mi run dung deh back fi one udda trip a wata an come, mi feel im vice ...

Pikny: A weh dat deh yaad deh noh?

Dada: Yu see weh uno call Coppa? Yu know weh? Well a up pon di hill weh di big mango tree heng ova di road.

Pikny: Which paat Wally use to live, weh di big longy mango tree deh?

Dada: No ... An mi ya im vice a come oht pon di hill, an im o come up di hill, an mi a tink say, well, mi naa go tek i tonight, yu know.

Pikny: Yu shoulda run gwaan a bush!

Dada: Im come up eena di yaad, im puddung im basket an im blow, ssssshhhhhh! Mi ya wen im say,
      "Jeeeesus Christ!! Ku pon di state a di yaad! Dadooooooi! Dadooooooi!"

Pikny: Wooooooooiiiii! Laad God!

Dada: Mi say, "Yes, Mama." Mi tan up back a di tilet.
      "I gwine kill yu tonight!"
      Well I really feel it ...

Pikny: Mi da cut tru bush!

Pikny: An dem enao kyach im?

Dada: An mi do so, boom! Move, man! An im a cook dinna fi Wally an Maagan dem. An mi a watch im, mi a siddung oht a cocanut tree.

Pikny: Im mussi tink a so it ao go.

Pikni: Dat taim im abot iet?

Dada: Biga dan dat, man, mi tu yiir olda dan Wali.

Pikni: So im da ten -

Dada: An, mi a tel yu se, no hood no look, no wata no go fa, bwai! Wen mi run go dung de bak fi wun uda trip a wata an kum, mi fiil im vais ...

Pikni: A we dat de yaad de nou?

Dada: Yu si we uno kaal Kapa? Yu nuo we? Wel, a up pan di hil we i big mango tri heng ova i road.

Pikni: Wich paat Wali yuus tu liv, we i big langi mango tri de?

Dada: No ... An mi ya im vais a kum ot pan i hil, an im o kum up i hil, an, mi a tink se, wel, mi naa go tek i tunait, yu no.

Pikni: Yu shooda run gwaan a boosh!

Dada: Im kum up iinai yaad, im poodung im basket, an im bluo, sssshhhh! Mi ya wen im se, "Jizus Krais, ku pan i stiet a di yaad! Dadoooo! Dadooooi!"

Pikni: Woooooiiii! Laad Gad!

Dada: Mi se, "Yes, Mama." Mi tan up bak ai tailet.
"Ai gwain kil yu tunait!" Wel Ai riili fiil it.

Pikni: Mi da kut tru boosh.!

Pikni: An dem enao kyach im?

Dada: An mi do so, buum! Muuv, man! An im a kook dina fi Wali an Maagun dem. An mi a wach im, mi a sidung ot a kokanut tri.

Pikni: Im musi tink a so it ao go –

95

Dada: Mi deh pon one bankin, an a look pon di smalla one dem, a see wa im a gwaan wid. Im no lef no dinna fi mi. Im cova up di pot pon di fayaside.

Pikny: Bredda Dada, yu o get beat! Wa mek Granny love beat so?

Dada: All right, mi di deh, mi di deh till Wally look up an see mi an say, "See Bredda Dada deh, Mama!" An im call mi, im say to mi say, "Come, put on some wata fi hot fi mi."

Pikny: Im waan kaych yu eena di kitchen.

Dada: Im naa kaych mi eena di kitchen – eena di hohse. So when mi put on di wata, im di deh a siddung pon veranda, a tek off im crepe wa im have on an a cool im foot. Mi siddung ohta door deh.

Pikny: Yu mad??? Mi???

Dada: Mi a watch im till im say, "Di wata hot yet?" Mi say, "Yes." Im say, "Kyai i come ya, put i dung eena di hohse deh."

Pikny: If a mi, mi wouldn' kyai no wata fi im! No winda no deh pon di hohse?

Dada: Winda lock, yu no ya wa mi a say? A night noh an im lock dung.

Pikny: Eeee-eeeeeh! If im eva come een, mi fling di wata pon im! I'da gaan –

Dada: An den, im siddung pon i veranda, an mi come tru di back. Wi have one small room, an mi come tru di small room door an come eena di udda big room weh im deh noh come puddung di wata. An mi come deh come fin' say dat deh door lock already unda lock an key. Jump tru which winda? If yu jump tru di winda yu'da back up eena di veranda, for di veranda rail, from up a top come dung kin'a collapse.

Pikny: Mi'da bruk di winda wid mi head side – Mi??? Mi naa mek im beat mi!

Dada: Yu kyaan mash up di glass winda, man, yu o cut up. Pull

Dada: Mi de pan wun bankin, an a look pan i smala wun dem, a si wa im a gwaan wid. Im no lef no dina fi mi. Im kuva up i pat pon i faiasaid.

Pikni: Breda Dada, yu o get biit! Wa mek Grani luv biit so?

Dada: Al rait, mi di de, mi di de til Wali look up an si mi an se, "Si Breda Dada de, Mama!" An im kaal mi, im se tu mi se, "Kum, poot an sum wata fi hat fi mi."

Pikni: Im waan kyach yu iinai kichin.

Dada: Im naa kyach mi iinai kichin – iinai hos. So wen mi poot an di wata, im di de a sidung pan varanda, a tek af im krep we im av an, an a kuul im foot. Mi sidung ota doa de.

Pikni: Yu mad?? Mi???

Dada: Mi a wach im til im se, "Di wata hat yet?"
Mi se, "Yes."
Im se, "Kyai i kum ya, kum poot i dung iinai hos de."

Pikni: If a mi, mi woodn kyai no wata fi im! No winda no de pan i hos?

Dada: Winda lak, yu no ya wa mi a se? A nait nou an im lak dung.

Pikni: Eeee-eeeee! If im eva kum iin, mi fling i wata pan im! Ai da gaaan!

Dada: An den, im sidung pan i varanda, an mi kum tru i bak. Wi av wun smaal ruum, an mi kum tru i smaal ruum doa an kum iina di uda big ruum we im de nou kum poodung i wata, an mi kum de kum fain se dat de doa lak alredi unda lak an ki. Jump tru wich winda? If yu jump tru di winda yu da bak up iinai varanda, far i varanda riel, fram up a tap kum dung kaina kalaps –

Pikni: Mi da bruk i winda wid mi hed said – Mi?? Mi naa mek im biit mi!

Dada: Yu kyaan mash up i glas winda, man, yu o kut up. Pool wa? Yu kyaan pull, a slide-up winda, man, an i bolt eena di two side-dem.

Pikny: Mi o tek sittin mash i up ...

Dada: By di time yu haffi go fight dis-ya bolt and dat-deh bolt im o grab yu same way. When mi realize mi ya di door lock back a mi noh as mi tep een –

Pikny: Heh-eeeeh!!! God! Wid lock an key? Get a beatin!!

Dada: Im pick mi up an lick mi dung a grung right away, wid di hot wata, yu know, my frien'.

Pikny: I' bun yu?

Dada: No –

Pikny: Mi da fling i pon im, yu know, truly! Mi da all mek i drop pon grung an –

Dada: An im siddung pon mi, man! Im tump mi till im tie mi up, tek all mi cloze an tie mi up, yu know. An im go ohta door –

Pikny: Mi no know wa mek yu a tan up deh ... TAN UP??? Yu stay deh. Dat a wickedness –

Dada: An mi say to Wally, mi say, "Wally yu kyaan pull me, man?" An tru wi a wrestle, di tie wa im tie jam, yu know, dat i koodn pull. A slide Wally slide mi ova an mi foot an mi two han' tie same way, yu know, an a so mi get to di door an mi get oht. An im come een an a say if a Wally let mi oht, an Wally say, "No, Mama, mi did a strain an fight im."

Pikny: Jeeesus! A Wally a tremble, Daddy?

Dada: Uh-huh. Im a tremble still say im o beat im, yu know, but im no beat im. Im naa beat im when im do anyting, man. Beat mi all di while. If im really beat Wally a muss im an Wally one di deh. Aaaaaayi! Mi ohta door, mi han' tie, yu know, man, an mi han' staat, mi finga-dem staat to swell ...

Pikny: Yu ohta door? Wid yu han' tie??

wa? Yu kyaan pool, a slaid-up winda, man, an i bolt iinai tu said dem.

Pikni: Mi o tek sitn mash i up ...

Dada: Bai di taim yu hafi go fait dis-ya bolt an dat-de bolt im o grab yu siem wie. Wen mi rialaiz, mi ya di doa lak bak a mi nou az mi tep iin.

Pikni: Heeeee-eeee! Gaad! Wid lak an ki? Get a biitin!

Dada: Im pik mi up an lik mi dung a grung rait awe, wid di hat wata, yu no, mai fren.

Pikni: I' bun yu?

Dada: No –

Pikni: Mi da fling i pan im, yu no, truuli! Mi da aal mek i drop pan gron an –

Dada: An im sidung pan mi, man! Im tump mi til im tai mi up, tek aal mi cloz an tai mi up, yu no. An im go ota doa –

Pikni: Mi no nuo wa mek yu a tan up de – TAN UP?? Yu stie de. Dat a wikidnes –

Dada: An mi se to Wali, mi se,
    "Wali, yu kyaan pool mi, man?" An tru wi a resl, di tai wa im tai jam, yu no, dat i koodn pool. A slaid Wali slaid mi ova an mi foot an mi tu han tai siem wie, yu no, an a so mi get tu di doa, an mi get ot. An im kum iin an a se if a Wali let mi ot, an Wali se, "No, Mama, mi did a 'trien an fait im."

Pikni: Jiiizus! A Wali a trembl, Dadi?

Dada: Uh-huh. Im a trembl stil se im o biit im, yu no, but im no biit im. Im naa biit im wen im du eniting, man. Biit mi aal i wail. If im riili biit Wali a mus im an Wali wun di de. Aaaaayi! Mi ota doa, mi han tai, yu no, man, an mi han taat, mi finga-dem taat to swel.

Pikni: Yu ota doa? Wid yu han' tai?

Dada: Un-huh. An mi naa have on no cloze. An mi di deh a fight an fight an fight till mi tek mi teet an pull di knot.

(HERE THE TAPE ENDS ABRUPTLY . . .)

Dada: Uh-huh. An mi naa av an no cluoz. An mi di de a fait an fait an fait til mi tek mi tiit an pool i nat.

(HERE THE TAPE ENDS ABRUPTLY . . .)

Appendix: Afro-Haitian

Some Grammatical Similarities to Afro-Jamaican

The following information was gleaned from an excellent little book called *You Can Learn Creole* by H. McConnell and E. Swan (Port-au-Prince, 1952).

A1: Nouns

Afro-Haitian exhibits the same method of forming plurals found in Afro-Jamaican. The third person plural pronoun, the equivalent of Afro-Jamaican **dem**, is **yo**. Thus:

chwal-yo	the horses
	(from French **cheval**)
kay-yo	the houses

Afro-Haitian carries this construction even further than does Afro-Jamaican. In Afro-Haitian a similar construction is used to express the singular; the definite article **la** (regardless of gender) follows the noun:

chwal-la	the horse
kay-la	the house

This construction (using the French article **la**) seems to be a modernized version of the original African construction, still used in parts of Central and Southern Haiti, in which **-a** or **-na** is used instead. Although its origin cannot be known with any certainty, it is not uncommon to find **a** as the third person singular pronoun in languages of the Niger-Congo family. Thus Afro-Haitian actually says "horse-him" and "horse-them", in contrast to Afro-Jamaican **di haas** and **di haas-dem**. The singular constructions using **-la** and **-na** as the definite article are reminiscent of a very ancient construction dating back at least to the second millennium B.C. In the Meroitic language of Kush on the Upper Nile, the definite article is expressed by a suffixed **-l**, while in the Hurrian and Urartean

102

languages of the Ancient Near East, the definite article is expressed by a suffixed **-ni**.*

A2. Possession

Afro-Haitian indicates possession by a system very similar to that of Afro-Jamaican. The French preposition "for"/ **pour** is contracted to **pa**, just as English "for" is contracted to Jamaican **fi**. **Pa** precedes the personal pronouns to form possessive adjectives, just as in Afro-Jamaican:

Haitian	*Jamaican*	
pa mwe	**fi mi**	my
pa ou	**fi yu**	your
pa li	**fi im**	hers, his, its
pa nou	**fi wi**	ours
pa nou	**fi uno**	yours (pl.)
pa yo	**fi dem**	theirs

However, when the possessive phrase modifies a noun, it does not precede the noun as in Afro-Jamaican, but follows the noun:

Haitian	*Jamaican*	
kay pa mwe	**fi mo hohse**	my house
fam pa li	**fi im hooman**	his woman

A3. Formation of Verb Tenses

The basic Afro-Haitian tense formation system closely resembles that of Afro-Jamaican. An unchanging verbal stem is preceded by a tense particle, which is in some cases a French

---

* For some strange reason, in ancient Africa and the Middle East, N and an odd type of L seem to have been interchangeable or similar sounds. In the extinct so-called "Asianic language family", which includes Hurrian, Urartian, Elamite, Kassite, Hattic et al., many examples are found of identical words written now with L, now with N, as if the actual sound was somewhere in between the two symbols. C.A. Diop published lists of Egyptian words and corresponding Wolof words where the same correspondence between N and L can be observed. Some of the so-called Asianic languages may be related to the pre-Aryan languages of India, and others may have had distant relatives in Northeastern Africa and the Nile valley, perhaps some of the little known languages of the Kordofanian, Nilo-Saharan, and Niger-Congo language families.

103

auxiliary verb or a derivative of same, but in others is of unknown, probably African origin:

Past particle **te** from French **etait/was**:

Haitian	*Jamaican*	
mwe te vini	**mi en kum**	I came

Future particle **va** from French **va/goes**:

Haitian	*Jamaican*	
nou va vini	**wi o kum**	we are going to come

Conditional particle **ta**:

Haitian	*Jamaican*	
yo ta di	**dem wooda say**	they would say

A4. Conclusion

The striking similarities in these constructions in Afro-Haitian and Afro-Jamaican would lead a future archaeologist who happened to dig up fragments of these languages to class them both in the same language family. The amazing similarities in the Bantu language family which has spread across Africa from the Cameroons to Uganda to South Africa has often led to speculations as to how one nation of people could have filled up such an enormous continent in the limited time frame allowed by the degree of differentiation of their languages. Perhaps limited numbers of people revolutionized the many probably archaic and complex languages of the multifarious peoples who inhabited the southern half of the African continent before the arrival of the Bantu. The seeming ease with which the oppressed Africans of Jamaica and Haiti have similarly streamlined, simplified, and rationalized the archaic tongues of their former slave-masters will probably be seen from the perspective of the coming third millennium A.D. as nothing short of revolutionary ...

Collect Your Own Vocabulary
and Idioms

Collect Your Own Vocabulary
and Idioms

Collect Your Own Vocabulary
and Idioms

Collect Your Own Vocabulary and Idioms

Biographical Notes

Emilie Adams (née Schrader) was born in St. Paul, Minnesota, USA, in 1941. Her studies at Harvard-Radcliffe were followed by two years working in East and North Africa. On her return to the USA in 1964 she worked for the Civil Rights Movement in Mississippi. She emigrated to Jamaica in 1971, and settled in Robin's Bay, St. Mary, where she married and had two children. She became a Jamaican citizen in 1979.